LA TONALIDAD DEL PENSAMIENTO

Byung-Chul Han

LA TONALIDAD DEL PENSAMIENTO

Trilogía de las conferencias

(Vol. I)

PAIDÓS

1.ª edición, marzo de 2024

Paidós es un sello editorial de Editorial Planeta, S. A.
Avda. Diagonal, 662-664
08034 Barcelona, España
www.paidos.com
www.planetadelibros.com

Diseño del interior: Carles Rodrigo Monzó
Los subtítulos de los vídeos de las conferencias han ido a cargo de Vocesdecine.

ISBN: 978-84-493-4204-2
Depósito legal: B. 3.146-2024
Impresión y encuadernación en Egedsa

Impreso en España – Printed in Spain

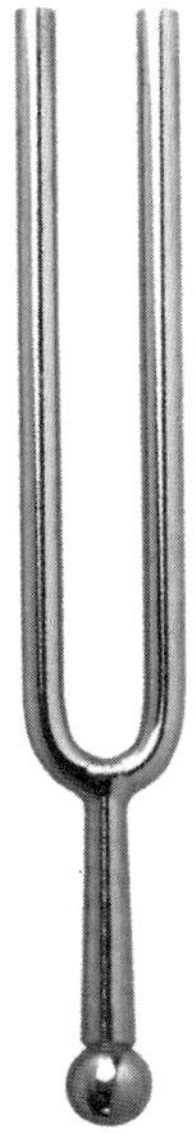

En abril de 2023, Byung-Chul Han viajó por primera vez a Portugal e impartió unas conferencias en Oporto y Lisboa. Pocos días después de ese viaje, el autor ofreció, también por primera vez, una conferencia musical en Leipzig, la ciudad en la que vivió y falleció Johann Sebastian Bach, su compositor favorito. De ahí nace *La tonalidad del pensamiento,* el volumen que el lector tiene hoy en sus manos y que reúne estas conferencias.

El 23 de abril de 2023 en la sala de conciertos Gewandhaus de Leipzig, la editorial alemana Merve organizó un evento que contó con la actuación de la joven pianista Sharon Prushansky, quien acompañó la lectura de la conferencia de Byung-Chul Han con la interpretación de piezas de Bach y Schumann. Esta ponencia, *«La tonalidad del pensamiento»,* da título a este libro y, en ella, el autor repasa la importancia que la música tiene en su obra. Para él, la música no es un simple telón de fondo: da alas a su pensamiento y, al mismo tiempo, lo habita. En esta conferencia musical se ponen de manifiesto los tonos y temas que atraviesan su filosofía: la exaltación de la tierra, el anhelo metafísico, la biología entendida como teología, la identificación con la naturaleza, la relación con lo innominado... Y se van pautando con los fragmentos de las composiciones que siempre le acompañan: las *Variaciones Goldberg*, las *Suites francesas* de Bach, las *Kinderszenen* de Schumann. Sus libros, dice, no son repeticiones, sino variaciones: notas que van desplegándose en torno a grandes conceptos.

El 11 de abril de 2023, en Oporto, Han pronuncia la conferencia «*Sobre Eros*» en el marco de la primera edición del ciclo de conferencias «A Minha História de Cinema», organizado por el Batalha Centro de Cinema. En este texto el autor se pregunta por el sentido del amor en una sociedad en la que el otro se desvanece por falta de contacto físico y personal. En la actualidad, si tocamos algo en realidad es nuestro teléfono móvil, que nos protege contra todo, incluso del dolor cuando vamos al dentista, según nos cuenta.

Y, con motivo de la celebración del 50.º aniversario de la Facultad de Ciencias Humanas de la Universidad Católica Portuguesa y dentro del ciclo titulado «Conferências 50 Anos», el 13 de abril de 2023 se llevó a cabo la conferencia «*Sobre la esperanza*», una reflexión sobre la trascendencia de esta virtud que, en palabras del filósofo, «es el espíritu de una idea que va más allá de lo que podemos imaginar. Como si fuera una dimensión del alma que nos permite ser creyentes en el futuro».

Byung-Chul Han ha expresado reiteradamente su oposición a que sus intervenciones públicas aparezcan en las grandes plataformas de internet, por ello ha emprendido junto con Paidós un singular proyecto: poner al alcance de sus lectores los textos, las filmaciones y las fotografías de sus más recientes conferencias. Estas conferencias, cuya primera serie fue pronunciada durante el año 2023, da origen a la *Trilogía de las conferencias*, el primer volumen de la cual, *La tonalidad del pensamiento*, hemos presentado. El lector encontrará un código QR al inicio de cada uno de los textos que le dará acceso directo a los vídeos de dichas conferencias.

Barcelona, marzo de 2024

Leipzig, 23 de abril de 2023

LA TONALIDAD DEL PENSAMIENTO

Los saludo afectuosamente. Buenas noches.
Sean bienvenidos.

Tengo dos *Flügel*. Lo digo en ambos sentidos de la palabra. Dado que esta velada se está grabando principalmente para mis lectores españoles, debería explicar qué significa el vocablo alemán *Flügel*. En principio, *Flügel* se traduce en castellano como 'ala', por ejemplo en *Flügel des Schmetterlings*, 'alas de mariposa'. Pero la palabra alemana *Flügel* también significa, como saben, *Klavier*, en castellano 'piano de cola'. La verdad es que el vocablo alemán *Flügel* es más hermoso que 'piano de cola'. *Cola* puede tener también el sentido de 'rabo' o de 'parte trasera'. Expresado vulgarmente, *piano de cola* podría entenderse como 'piano con trasero'. En francés, *Flügel* se traduce por *piano à queue*. También *queue* significa 'rabo'. *Queue de boeuf*, de hecho, quiere decir 'rabo de toro'. En italiano, *Flügel* se traduce por *pianoforte a coda*. *Coda* significa igualmente 'cola' o 'rabo'. El término inglés equivalente a *Flügel* es, como todos ustedes saben, *grand piano*. Así pues, los ingleses no perciben la bella forma arqueada del piano de cola, sino solo su tamaño. No consigo encariñarme con el inglés. En su esencia, este idioma es —me atrevo a decirlo— una lengua económica. Por eso en nuestro mundo, atravesado de arriba abajo por la economización, todos hablamos exclusivamente inglés. Ahora entenderán por qué amo tanto el idioma alemán. No es una lengua económica, sino plenamente poética. Como ya sostenía Theodor Wiesengrund Adorno, el alemán presenta una afinidad natural con la filosofía. Ustedes pueden sentirse muy orgullosos de su idioma y deben mostrarse amables y acogedores con los extranjeros que hablan el alemán o que tienen la intención de aprenderlo.

Cuando digo que tengo dos *Flügel*, también mis lectores españoles pueden entender esta palabra en los dos sentidos que entraña en la lengua alemana: tengo *zwei Flügel* significa no solo que tengo dos pianos de cola, sino también dos alas. Mis *zwei Flügel*, mis dos pianos de cola, me dan *Flügel zum Abheben*, alas para despegar. Cuando pienso, tengo a menudo la impresión de estar despegando con mis alas. Adoro este vuelo especulativo en el que me acompañan *zwei Flügel*, dos pianos de cola, y su música. También Heidegger experimentaba el pensamiento como un vuelo especulativo en el que se utilizan dos alas. De hecho, en una carta a su mujer escribió lo siguiente: «Lo llamo el eros, el más antiguo de los dioses en palabras de Parménides. El batir de las alas de ese dios me conmueve cada vez que doy un paso esencial en el pensamiento y me aventuro en lo intransitado».* Sin el batir de alas, sin las alas del eros, el pensamiento no es posible. Quien piensa necesita despegar con las alas del eros hacia lo intransitado, hacia lo que aún no ha nacido o hacia lo venidero; en definitiva, hacia lo nuevo.

Cierto día estaba caminando por el barrio berlinés de Prenzlauer Berg. Cuando pasé por delante de una pequeñísima tienda de pianos, vi en el escaparate un hermoso y antiguo

* Para la versión en castellano de estas palabras de Martin Heidegger seguimos la traducción de Sebastián Friso de la obra de Martin Heidegger *¡Alma mía! Cartas a su mujer Elfride (1915-1979)*, Buenos Aires, Manantial, 2008. *(N. de la t.)*

piano de cola y entré en el establecimiento. Me enamoré de aquel piano, así que me lo compré con la intención de aprender a tocarlo. Sin haber tomado ni una sola clase de piano, intenté tocar el aria de las *Variaciones Goldberg*. Amaba aquella aria por encima de todo. No me bastaba con escucharla sin más: quería tocarla por mí mismo. Tuve que practicar por lo menos durante dos años. Para algunos movimientos necesité meses, repeticiones sin fin. Tengo una paciencia infinita, virtud que hoy en día se encuentra cada vez más próxima a su desaparición. Para mí, aquella fue una verdadera ejercitación. Incluso dos años de práctica son pocos para alguien que decide aprender a tocar el piano empezando precisamente por las *Variaciones Goldberg*. También aprendí alemán con la *Fenomenología del espíritu*, de Hegel, y con *Ser y tiempo*, de Heidegger. Por eso mi alemán es un tanto peculiar; un poco suabo, tal vez. Me encantan los dialectos. Creo que mi alemán es un dialecto que he ido adquiriendo con un enorme esfuerzo, tal vez un dialecto de los ángeles.

Con el tiempo, conseguí aprenderme de memoria el aria de las *Variaciones Goldberg*. En francés, 'aprender de memoria' se dice *apprendre par cœur*, «aprender de corazón». El aria de las *Variaciones Goldberg* se ha convertido en la música de mi corazón. De hecho, comienzo cada jornada con esta aria. Para mí se trata de un ritual diario o tal vez de una oración, una oración matinal. El reglamento de mi comunidad de vecinos prohíbe acabar el día con el aria, pero, a pesar de todo, durante un tiempo lo hice: tocaba el aria a las dos o las tres de la madrugada, con un apasionamiento melancólico o un fervor romántico. En vista de que todo el edificio se amotinó, tuve que dejarlo y disculparme por esta aria nocturna.

LEIPZIG,
23 DE ABRIL DE 2023

El piano de cola se convirtió, pues, en mi rueda de plegaria. Tengo un escritorio de estilo modernista. En el centro de ese escritorio hay un fino tapete verde incrustado, que se denomina *Schreibwiese* (literalmente, «prado para la escritura»), una maravillosa palabra. Mientras pienso, vago por este prado. Cada día, deambulo de acá para allá, entre el verde del prado para la escritura y el negro de la reluciente rueda de plegaria. Esa es la forma de caminar de mi pensamiento. Pienso y escribo a través de la música. El *Flügel*, una vez más en su doble sentido, me ayuda enormemente a la hora de pensar.

Toda belleza es paradójica. Sin esa paradoja no existiría belleza alguna. Yo aspiro a esa belleza. La verdad se consuma en la belleza. También la tonalidad de mi pensamiento es paradójica. La describo con giros paradójicos, como «luz oscura», «brillo oscuro» o «tristeza luminosa».

Hay personas que me acusan de repetirme demasiado. Pero no se dan cuenta de que mis libros no son repeticiones, sino variaciones. En cierto modo, estoy tejiendo un tapete. Me ocupo de que con el tiempo ese tapete se haga más y más grueso y que su color sea más y más intenso, pero manteniendo siempre su patrón. Lo mismo es más bello que lo diferente. La teoría siempre presupone lo mismo, que permite variaciones. Hay que diferenciar, pues, entre lo idéntico y lo mismo. Lo idéntico no permite ninguna variación. Carece de anchura y de distancia.

Mis libros se guían por las *Variaciones Goldberg*. En las *Variaciones Goldberg* las melodías no varían. Las variaciones se orientan aquí hacia treinta y dos notas de bajo. También mis libros siguen líneas de bajo con notas fundamentales, como las *Variaciones Goldberg*, que en mi caso se articulan en forma de conceptos fundamentales. Si considero mi libro *La sociedad del cansancio* como aria de todo el ciclo, entonces a este ensayo le deberían seguir treinta variaciones. Ya se sabe que el aria de las *Variaciones Goldberg* no solo proporciona el bajo fundamental, sino que también remata la pieza da capo. Como no podía ser de otro modo, cerraremos el acto de hoy con esta aria de las *Variaciones Goldberg*. El gran protagonista de esta velada no soy yo, no es Byung-Chul Han, sino el aria de las *Variaciones Goldberg*.

Cuando escuché por primera vez, con diecisiete o dieciocho años, la *Chacona* de Bach para violín solo, decidí, aunque de forma inconsciente, que el alemán y Alemania serían mi patria espiritual. Creo que en mi anterior vida fui tal vez alemán; quizá un vecino de Hölderlin que lo venerase como a un dios. La *Chacona* me impactó profundamente. Enseguida me compré un violín barato y traté de tocar esta pieza. Evidentemente, no lo conseguí. ¡Cómo iba a empezar a tocar el violín con la *Chacona*! Pero lo intenté. Hace más de veinte años que toco el violín. Y, sin embargo, todavía no consigo ejecutar la *Chacona*. Eso sí, he tocado miles de veces el primer movimiento de la segunda partita, es decir, la *Alemanda*. La *Alemanda* se convirtió en mi oración durante mis años de estudio en Alemania, concretamente en Friburgo y en Múnich.

Mi segunda pasión musical es el canto. He cantado tantas veces *Amor de poeta*, de Schumann, y *Viaje de invierno*, de Schubert, que mis partituras han quedado hechas trizas. Estos ciclos de *lieder* han penetrado en mi pensamiento y prácticamente han anidado en él. Avivan mi pensamiento, habitan en él. Como saben, Schumann compuso *Amor de poeta* en Leipzig, en el número 18 de la Inselstraße, después de su feliz boda con Clara. Las primeras melodías de «En el maravilloso mes de mayo» y el fascinante posludio del último *lied* constituyen prácticamente las melodías fundamentales de mi pensamiento, los conceptos fundamentales de mi pensamiento. En cierto modo, mi pensamiento se encuentra inundado por la tristeza luminosa que se manifiesta en este «Andante espressivo» de *Amor de poeta*.

[*AMOR DE POETA*, «ANDANTE ESPRESSIVO»]

Mi pensamiento hunde sus raíces en el Romanticismo alemán. Si me permiten comparar mi pensamiento con una fruta, diría que su piel y su pulpa son profundamente románticas. En cambio, el hueso procede del Lejano Oriente. Así pues, se trata de un fruta sumamente exótica. Dediqué el último capítulo de mi libro *Vida contemplativa: elogio de la inactividad* a Novalis en el doscientos cincuenta aniversario de su nacimiento. Hölderlin forma parte de mi alma. Sus himnos y, sobre todo, sus últimos poemas sobre las estaciones del año, escritos después de que cayera en una supuesta locura —aunque en mi opinión fue más bien un despertar—, avivan en lo más profundo mi pensamiento. Estos poemas tardíos de Hölderlin transmiten una trascendencia divina. Ponen de manifiesto que el mundo, en tanto creación, es sagrado, sagradamente hermoso.

Ya les he explicado que tengo dos *Flügel*; en español, dos pianos de cola. Poseo un antiguo Blüthner. Adoro su sonido cálido y cantarín. Como ya saben, la casa Blüthner es de Leipzig. Cada vez que levanto la tapa del piano, aparece ante mis ojos, en letras doradas, la inscripción «Blüthner Leipzig». *Variaciones Goldberg*, de Bach; *Amor de poeta*, de Schumann, y Blüthner: entenderán ustedes por qué no organicé mi primera lectura pública en Berlín, donde resido, sino en Leipzig. Me encanta la palabra *Blüthner*.

Yo pienso y escribo rodeado de flores. En esta época, rosas y peonías. El jarrón, este florero, estaba hace seis horas sobre mi escritorio. Esta rosa estaba sobre mi escritorio. Mis flores me protegen. Sin flores, no puedo pensar. Ahora acaba de empezar la temporada de peonías. Por eso hoy es un día tan hermoso. Tengo una fragante habitación de flores, de la que rara vez salgo. Apenas viajo. Hoy he hecho una gran excepción. He salido de mi habitación de flores protectora. Y, si he podido hacerlo, es porque mis flores me acompañan. Yo apenas viajo. Tampoco las plantas y los árboles viajan. Ojalá fuera una planta. A ser posible, una peonía. Creé mi habitación de flores antes de descubrir que Claude Debussy también tenía una. Componía rodeado de flores, no solo en verano, sino también en invierno. De hecho, su música huele a flores. Me esfuerzo muchísimo —y voy a seguir haciéndolo— en conseguir que también mi pensamiento huela a flores. En ellas está la verdad. Voy a revelarles cuál es mi segundo nombre: acónito de invierno, una planta que atrae a las abejas y a las mariposas en las primaveras gélidas. Ese es mi segundo nombre, naturalmente en latín. Yo mismo me llamo también, al menos para mis adentros, *Eranthis hyemalis*. El acónito de invierno sueña con las mariposas, se deja llevar por las alas de las mariposas. Qué hermosa es la traducción al español de la palabra *Schmetterling*: mariposa...

LEIPZIG,
23 DE ABRIL DE 2023

(17:01:29)

(17:04:36)

(17:05:36)

(17:05:01)

(17:06:13)

(17:06:49)

«HEMOS DEJADO DE PERCIBIR LA FUERZA DE LA TIERRA, QUE TANTA VIDA Y FELICIDAD GENERA. EN MI JARDÍN SIENTO, POR ENCIMA DE TODO, UNA PROFUNDA PAZ, UNA FUERZA PROFUNDA Y REDENTORA, TRASCENDENCIA, MAJESTUOSIDAD.»

El libro en el que he recogido mis experiencias como jardinero se titula *Loa a la tierra: un viaje al jardín*. Ese es el título. Se trata de un libro muy personal. En él cito muy a menudo la obra *Hiperión*, de Hölderlin:

> *Con peras amarillas*
> *y llena de rosas silvestres*
> *pende la tierra asomándose al lago.*
> *Vosotros, cisnes clementes,*
> *ebrios de besos*
> *sumergís la cabeza*
> *en el agua de sagrada sobriedad.*
>
> *¡Ay de mí!, ¿dónde encontraré [,]*
> *cuando es invierno, las flores, y dónde*
> *la luz del sol*
> *y las sombras de la tierra?*
> *Se alzan los muros*
> *silentes y fríos,*
> *chirrían las veletas al viento.**

Por desgracia, el jardín ideal que imagina Bertolt Brecht no prevé nada en absoluto para los fríos meses de invierno. Solo florece desde marzo hasta octubre. Brecht describe así ese jardín:

> *Junto al lago, en una espesura de abetos y chopos[,]*
> *protegido por un muro y arbustos, hay un jardín*

* Para la traducción de este fragmento del poema de Friedrich Hölderlin seguimos la versión en castellano propuesta en la traducción de Alberto Ciria de *Loa a la tierra: un viaje al jardín*, Barcelona, Herder, 2019, pág. 40. *(N. de la t.)*

tan sabiamente plantado que florece
*sin pausa desde marzo hasta octubre.**

Es evidente que carezco de la sabiduría del jardinero, porque en su momento decidí plantar un jardín que floreciese ininterrumpidamente desde enero hasta diciembre, y sobre todo en invierno. Prefiero la metafísica, el anhelo metafísico, a la sabiduría del jardinero.

Este mismo anhelo metafísico inspira también la obra *La cámara lúcida*, de Roland Barthes. He leído este libro de una forma tan intensa que ha acabado hecho trizas. Desde ese momento, lo llevo guardado en un sobre. Una carta de amor. *La cámara lúcida* es un libro sobre la tristeza. En él, Barthes invoca permanentemente a su madre, «con la que el autor había convivido toda su vida».† Habla de su madre muerta. «El libro se basa en una fotografía que Barthes ronda con fervor, que incluso abraza e idolatra, pero que no viene reproducida en el libro. *Brilla por su ausencia*. Muestra a su madre, cuando tenía cinco años» y estaba en el *invernadero*. Cito a Roland Barthes:

> Perdido en el fondo del invernadero, el rostro de mi madre, borroso, descolorido. En un

* Para la versión de este poema seguimos la versión en castellano propuesta en la traducción de José Muñoz Millanes de la obra de Bertolt Brecht *Poemas del lugar y la circunstancia*, Titivillus, 2003, edición digital, pág. 58. *(N. de la t.)*

† Los fragmentos entrecomillados son autocitas de la obra del autor *Lob der Erde*, cuya versión en castellano extraemos de la traducción de Alberto Ciria, *Loa a la tierra: un viaje al jardín*, *op. cit.*, pp. 18-19. *(N. de la t.)*

> primer movimiento exclamé: «¡Es ella! ¡Es ella misma! ¡Es ella por fin!».*

«Barthes distingue dos elementos de la fotografía: el *studium* y el *punctum*. El *studium* se refiere a las informaciones que se pueden obtener de la fotografía. Así es como se la puede estudiar». En cambio, el *punctum* «no suministra informaciones». Significa, literalmente, «lo *punzado*». Procede «de la palabra latina *pungere*, "punzar". Afecta y conmueve al espectador».

En mi opinión, el *punctum* de *La cámara lúcida* es la fotografía no reproducida de su madre en el invernadero. «Ahora veo el invernadero en un doble sentido: es un lugar que simboliza la muerte y la resurrección, un lugar del trabajo metafísico para superar el duelo. *La cámara lúcida* es a mis ojos un jardín florido, una *luz clara* en la oscuridad invernal, una vida en medio de la muerte, una celebración de la vida que vuelve a despertar [...]. Una luz metafísica transforma la *chambre noire* en una *chambre claire*, en un luminoso invernadero», en un floreciente jardín de invierno.

«A Roland Barthes le gustaban los *lieder* románticos.» Y también recibió clases de canto. Su profesor fue el maravilloso cantante Charles Panzera, que, en mi opinión, es quien mejor ha cantado *Amor de poeta*. Me habría gustado oír a Roland Barthes cantar *Amor de poeta*. «A menudo tengo la sensación de que Barthes escribe cantando o canta escri-

* Extraemos esta versión en castellano de las palabras de Roland Barthes, traducidas por Joaquim Sala-Sanahuja, de *La cámara lúcida*, Barcelona, Paidós, 1980, pág. 111. *(N. de la t.)*

biendo». De hecho, el propio libro *La cámara lúcida* podría ser un ciclo de *lieder* románticos con 48 *lieder* o capítulos.

La cámara lúcida me suena como un *Viaje de invierno*. Roland Barthes viaja a través del «reino de los MUERTOS» en busca de su madre, esto es, de su amada, de su única amada, y se encamina a un peregrinaje sin fin en esa búsqueda de la *verdad* sobre la madre. Cito a Barthes:

> No podía por más tiempo omitir de mi reflexión lo que sigue: que había descubierto esa foto remontándome en el Tiempo. Los griegos penetraban en la Muerte andando hacia atrás: tenían ante ellos el pasado. Así he remontado yo toda una vida, no la mía, sino la de aquella a quien yo amaba.*

La fotografía del invernadero es, según Roland Barthes, «algo así como las últimas notas que escribiese Schumann antes de sumirse en la enajenación, ese primer *Canto del alba* que concuerda a la vez con el carácter de mi madre y con la tristeza que su muerte produce en mí». Los *Cantos del alba* son un ciclo de cinco pequeñas piezas para piano. Tres días antes de su tentativa de suicidio, Schumann los designó como «una colección de piezas musicales que describen las sensaciones que suscitan el advenimiento y el crecimiento del alba.» Al principio, Clara Schumann reaccionó con perplejidad ante aquella composición. Su juicio fue el siguiente: «Otra vez piezas muy originales, pero difíciles de entender, y que encierran

* También extraemos esta versión en castellano de las palabras de Roland Barthes de *La cámara lúcida, op. cit.*, pág. 86. *(N. de la t.)*

un estado de ánimo muy peculiar».* Precisamente ese estado de ánimo se asemeja a la tonalidad de mi pensamiento.

«Los *Cantos del alba* están dominados por la añoranza de que la vida vuelva a despertar y resucite. Son cantos de aflicción. Se percibe una profunda melancolía», pero también una luminosa tristeza. El primer *Canto del alba* está dominado por un aura misteriosa. La melancolía infinita se pone a salvo más adelante, en la segunda frase, en el delirio, en una luz delirante, en una trascendencia sagrada. Los «primeros resplandores luminosos, aún vacilantes, rompen las tinieblas. Aquella alba [...] es un tiempo preliminar que antecede al tiempo habitual y en el que el tiempo pasajero, el tiempo de la vida y la muerte, se ha superado». Se trata de una trascendencia que hoy, en el frenesí del consumismo, en el frenesí de la información, ya hemos olvidado. El alba convierte al mundo en una realidad sagrada. «Estos *Cantos del alba* avivan y sintonizan mi imaginación para el floreciente jardín invernal» como escenario de mi pensamiento.

[*CANTOS DEL ALBA*, 1 Y 2]

Desde que trabajo en mi jardín, me invade un extraño sentimiento; un sentimiento que no conocía antes; un sentimiento que experimento de manera intensa, incluso en mi cuerpo. Es el *sentimiento de la tierra*. Me hace feliz. La tierra

* Extraemos esta versión en castellano de las palabras de Robert y Clara Schumann de *Loa a la tierra: un viaje al jardín*, *op. cit.*, pág. 20. *(N. de la t.)*

es sagradamente hermosa. Tal vez la tierra sea un sinónimo de esa felicidad que, sin embargo, hoy en día se aleja cada vez más de nosotros. Por eso, *volver a la tierra* significa *volver a la felicidad*. Hoy estamos abandonando el orden terrestre, el orden de la tierra, debido principalmente a la digitalización e informatización del mundo. Hemos dejado de percibir la fuerza de la tierra, que tanta vida y felicidad genera. En mi jardín siento, por encima de todo, una profunda paz, una fuerza profunda y redentora, trascendencia, majestuosidad. El jardín ha hecho que vuelva a ser muy creyente. En su momento pensé que la verdadera biología es una teología. Ahora pienso que Dios le ha regalado flores al ser humano para aliviar un poco su irrefrenable violencia.

En ningún sitio se expresa tan bien y de un modo tan hermoso este contraste entre la cruel violencia de la que el ser humano es capaz y la fuerza pacificadora de las plantas como en el texto que se conoce como «la carta de los búfalos», de Rosa Luxemburgo. Me gustaría leerles ahora un fragmento de esa carta, verdaderamente desgarradora. Se trata de una misiva que Rosa Luxemburgo escribió desde la cárcel a su amiga Sophie Liebknecht. Dice así:

> Me cuentas que has recogido en el parque Steglitz un hermoso ramo de bayas de color negro y rosa violáceo. Las negras pueden ser o bien de sauco (seguro que las conoces, cuelgan en densos y pesados racimos entre [grandes] hojas en forma de abanico), o bien, más probablemente, de ligustro, las cuales crecen en pequeñas [y delicadas] espigas verticales, en medio de hojas verdes, estrechas y largas. Las bayas de color rosa violáceo ocultas entre pequeñas hojas

(17:07:22)

(17:07:27)

(17:07:30)

(17:08:08)

(17:09:16)

(18:01:45)

pueden ser de guillomo; en realidad, estas son rojizas, pero cuando empiezan a pasarse [y a picarse], al final de la temporada, tienen a menudo un tono púrpura rojizo; las hojas son parecidas a las del mirto, pequeñas, puntiagudas y de un verde oscuro, correosas en la superficie superior y rugosas en la inferior.

[...] Oh, Sonitschka, he experimentado un agudo dolor recientemente. Al patio donde camino llegan a menudo furgones militares cargados con mochilas, capotes raídos y camisas de soldados, a veces manchadas de sangre... Los descargan aquí y reparten las prendas por las celdas, para que las presas las zurzan, y después vuelven a recogerlas. Hace unos días llegó uno de estos carruajes, pero esta vez tirado por búfalos, no por caballos. Nunca antes había visto de cerca a esos animales. Son más fuertes y corpulentos que nuestros bueyes, con cabezas aplanadas y cuernos curvados, por lo que sus cráneos parecen los de nuestros borregos. Son negros y tienen ojos grandes[, negros] y apacibles. Vienen de Rumanía, se trata de un botín de guerra. Los soldados que los conducen dicen que fue muy difícil atrapar a estos animales salvajes y habituarlos al tiro, pues siempre habían vivido en libertad. Han sido azotados sin piedad, [hasta que han aprendido que han perdido la guerra], siguiendo la máxima del *vae victis*. Hay más de un centenar en Breslavia y, acostumbrados a los abundantes pastos de Rumanía, reciben ahora un miserable y escaso forraje. Los obligan a trabajar sin parar, transportando todo tipo de cargas imposibles, por lo que no tardan en morir. Pues bien, hace unos días, llegó una carreta tan cargada de sacos que los búfalos no lograban franquear la puerta de entrada. El soldado que los conducía, un tipo muy bruto, comenzó a golpearlos con el grueso mango de su fusta de tal manera que la carcelera que hacía guardia a la puerta, indignada, le preguntó si acaso no sentía lástima por aquellos animales. «¡Nadie se apiada de nosotros, que somos hombres!», respondió él con una perversa sonrisa, y golpeó con más fuerza aún a los animales. Finalmente, los búfalos lograron salvar el obstáculo, pero uno de ellos estaba sangrando. [...] Sonitschka, la piel del búfalo es conocida por su grosor y su dureza, y sin embargo había sido desgarrada. Mientras el carro era descargado, los animales permanecieron inmóviles, exhaustos. El que sangraba tenía en su cara negra y sus tiernos ojos [negros] una expresión que recordaba a un niño cuando llora, uno que ha sido severamente castigado y no sabe por qué, [ni para qué], ni cómo librarse del tormento y de la brutalidad. Me paré frente a él, y el animal me miró; las lágrimas que brotaron de mis ojos eran sus lágrimas. El sufrimiento de un amado hermano no podría haberme conmovido más profundamente de lo que lo hizo aquella silenciosa agonía ante la que me sentía impotente. ¡Cuán lejos, perdidos para siempre, quedaban los verdes y frondosos prados de Rumanía! Qué diferentes eran allí la luz del sol y el soplo del viento; qué diferentes el [hermoso] canto de los pájaros y la melodiosa llamada del pastor. Y aquí, las [desconocidas y] espantosas calles, el establo asfixiante, el heno [nauseabundo,] mohoso y mezclado con paja podrida, los hombres, extraños y terribles, y los golpes, la sangre que mana de la abierta herida... Oh, mi pobre búfalo, ¡pobre y querido hermano! Henos aquí a los dos, impotentes y mudos, somos uno solo en el dolor, la debilidad y el anhelo.

Mientras tanto, las presas rodeaban afanosamente el carro, descargaban los pesados sacos y los arrastraban hacia el edificio. Y el soldado, con las manos en los bolsillos, se paseaba por el patio dando grandes zancadas al tiempo que sonreía y silbaba una canción callejera. [...]

Escríbeme pronto.
Un abrazo, Sonitschka.

Tu Rosa
Tu Rosa
Tu Rosa

Sonjuscha, querida, conserva la calma y la serenidad a pesar de todo. Así es la vida y así hay que tomarla, valientemente, con la cabeza erguida y una sonrisa en los labios, a pesar de las circunstancias.*

* Hemos extraído la versión en castellano de este fragmento de la traducción de Antonio López, *Cartas desde la cárcel: correspondencia con Sophie Liebknecht*, Barcelona, Página Indómita, 2021. *(N. de la t.)*

En la *Humoreske* de Schumann existe una línea de notas para la «voz interior» —como escribió el propio compositor— que resuena en el oído interno del pianista, pero que no se toca. En el texto también debe existir una voz interior que no signifique nada, pero que *roce* o *punce*. Los textos que carecen de voz interior están muertos. Tan solo constan de información. En cambio, la voz interior es el *punctum* del texto. Adoro la zarabanda. Por eso quisiera llamar a la voz interior de mis textos «zarabanda».

«Zarabanda» podría ser también el título de un libro mío que tal vez nunca se publique. Voy a leerles algunos fragmentos de él. Esta obra consta de breves apuntes:

> Pensar microscópicamente; palpar los átomos del ser.
>
> Dios reconoce las cosas de manera no conceptual. Solo el ser humano piensa.
>
> Gansos salvajes en el cielo; durante su vuelo, siempre crean una *forma*.
>
> De repente, me sentí muy frágil, así que no me moví, para evitar romperme.
>
> Clavar la mirada en el tiempo, gritarle hasta que, asustado, se detenga; ¿redención o catástrofe?

LEIPZIG,
23 DE ABRIL DE 2023

El zumbido de una avispa hace temblar a una hoja de color verde claro.

Soñar con un paisaje maravillosamente fragante, pero compuesto tan solo por letras.

Esta noche he soñado que era un pez; me sentía subyugado por los colores y las formas que me rodeaban. Me atravesaban, me inundaban. Experimenté la felicidad sin límites de un pez.

Convencido de que el tiempo transcurría cada vez más lentamente, no me moví.

Descubrimientos de hoy en el jardín botánico: perla perpetua y caracoles turcos sobre la hierba.

Me gustaría ser de tal manera que nadie me sintiese.

En la entrada del cementerio Alter Sankt-Matthäus-Kirchhof, la anciana de mejillas pálidas y hundidas eleva su mirada hacia el cielo y pregunta: «¿Hay una cruz ahí arriba?».

También existen rosas que parecen reproducir el estado de la vida redimida.

Él se postró ante la tristeza.

Un flaco lebrel y una gruesa cuarentona bajo un cerezo en flor.

Un anciano que mastica sin dientes un embutido curado; dolor.

El mar es sumamente rencoroso. Aunque también se puede decir que son recuerdos. No hay viento, pero sí olas muy altas.

Un pequeño insecto en la pantalla tapa una letra.

Una expresión maravillosa: levar anclas, como se leva un astro. Ímpetu, peso y después partida; tanta fuerza para que surja un ESPACIO.

Se puso un vestido largo, de color rosa claro, para honrar a las flores de cerezo.

Ella percibe como dolor cualquier contacto, excepto las caricias.

Un pez de las profundidades marinas cuyo corazón solo late una vez al año.

Una época en la que se compite por no ser nadie.

El lápiz irradia hoy una maravillosa calma.

El miedo a la muerte se debe probablemente a que aún no hemos aprendido a *vivir*.

Hoy, el tictac de mi viejo reloj de sobremesa suena tan alto como un metrónomo. Habría que inventar una *melodía redentora* para esto.

LEIPZIG,
23 DE ABRIL DE 2023

La laca del piano de cola siempre aporta algo de brillo en la habitación de invierno; una sensación de felicidad.

La laca negra del piano de cola me lo demuestra: existe realmente una *luz oscura*.

Sigo a las gotas de agua que se deslizan lentamente por el cristal de la ventana. Eso me genera alegría de ser.

Existen pensamientos luminosos; sí, *luminosos*. Son *claros*, irradian una *luz clara* que provoca felicidad.

En el «prado para la escritura» florecen rosas de Navidad y bolas de nieve; de nuevo, alegría de ser.

Formar pensamientos como acordes.

Un descubrimiento: un órgano puede tener hasta diez mil tubos. Los más grandes superan incluso esa cifra. Los tubos visibles son solo una minúscula parte del instrumento. La mayoría de ellos están ocultos y conforman la vida interna *secreta* de un órgano. El tubo más largo, de diez metros, genera un tono de dieciséis hercios, que es tan bajo que queda fuera del rango audible del ser humano y tan solo se percibe como un ligero temblor. El tubo más corto, de seis centímetros, crea un tono de catorce mil hercios que muchas personas, especialmente las de avanzada edad, apenas pueden oír. Me gustaría pedirle a algún compositor que creara una música para órgano en la que solo intervinieran los tubos más largos y los más cortos, es decir, una música no audible, que solo se percibiera como temblor y corazonada, una *música para la redención*. Ese es el ideal de mi escritura.

[ZARABANDA EN SOL MAYOR, ZARABANDA EN DO MENOR]

En una clase magistral, el genial pianista francés Alfred Cortot advirtió, haciendo referencia a «El poeta habla», la última pieza de *Escenas infantiles*, de Schumann: «Il faut rêver, pas jouer». Hay que soñar, no tocar. Adaptando sus palabras a mi escritura, a mi pensamiento, yo diría: «Il faut rêver, il faut chanter, pas écrire», hay que soñar, hay que cantar, no escribir, porque es el poeta que habla. En último término, el filósofo es un poeta, tal vez incluso un mago con chistera y varita mágica. No en vano, Adorno decía de su amigo Walter Benjamin que era «un mago».

[*ESCENAS INFANTILES*, «EL POETA HABLA»]

«Hoy *nos producimos*»* permanentemente. «Esta *autoproducción* hace ruido. Guardar silencio significa *retirarse*. El silencio es también un *fenómeno de ausencia del nombre*. No soy *dueño de mí mismo, de mi nombre*. Soy un *invitado* en mi casa». Esta «apropiación del nombre causa mucho ruido. El fortalecimiento del ego destruye el silencio. El silencio rei-

* Los fragmentos entrecomillados son citas de la obra del autor *Undinge: Umbrüche der Lebenswelt*, cuya versión en castellano extraemos de la traducción de Joaquín Chamorro Mielke, *No-cosas: quiebras del mundo de hoy*, *op. cit.*, pp. 75-78. *(N. de la t.)*

«LO HERMOSO NO ES EL BRILLO MOMENTÁNEO, LA ATRACCIÓN INMEDIATA, SINO LA SILENCIOSA PERSISTENCIA DE LA ESTELA.»

na cuando me retiro, cuando me pierdo en lo *innominado*, cuando me vuelvo *débil*» o blando, tranquilo, cordial.

«Solo en el silencio, en el *gran silencio*, establecemos relación con lo *innominado*, que nos supera, y frente a lo cual palidece nuestro esfuerzo por apropiarnos del nombre. Por encima de este se eleva también ese genio "al que viene confiada la tutela de cada hombre en el momento de su nacimiento". El genio permite que la vida sea algo más que una mísera supervivencia del yo» en la que todos nosotros nos perdemos hoy. «Representa un presente intemporal». Giorgio Agamben escribió:

> El rostro juvenil de Genius, sus alas largas y temblorosas, significan que él no conoce el tiempo [...]. Por eso el cumpleaños no puede ser la conmemoración de un día pasado, sino, como toda fiesta verdadera, la abolición del tiempo, epifanía y presencia del Genius. Esta presencia imborrable es lo que nos impide cerrarnos en una identidad sustancial: Genius es quien rompe la pretensión de Yo de bastarse a sí mismo.*

«La percepción absolutamente silenciosa se asemeja a una imagen fotográfica con un tiempo de exposición muy largo. La fotografía del *Boulevard du Temple* de Daguerre presenta en realidad una calle parisina muy concurrida.

* Para la traducción de estos fragmentos de Giorgio Agamben seguimos la traducción de Edgardo de Dobry, *Profanaciones*, Anagrama, Barcelona, 2005, pp. 9 y 12-13. *(N. de la t.)*

Sin embargo, debido al tiempo de exposición extremadamente largo, típico del daguerrotipo, todo lo que se mueve se hace desaparecer. Solo es visible lo que permanece *quieto*. El *Boulevard du Temple* irradia una calma casi pueblerina», en la que todo ruido está proscrito. «Además de los edificios y los árboles, solo se ve una figura humana, un hombre a quien limpian los zapatos, y por eso está quieto». Solo lo largo y lento se hace realidad. «Todo lo que se apresura», todo lo que tiene prisa —y todos nosotros tenemos prisa—, «está condenado a desaparecer. El *Boulevard du Temple* puede interpretarse como un mundo visto con el ojo divino. A su mirada redentora solo aparecen los que permanecen en silencio contemplativo. *Es el silencio lo que redime*».

[*VARIACIONES GOLDBERG*, *BWV 988*, VAR. 25 Y 21]

Mis libros empiezan con Peter Handke o terminan con Peter Handke. Es algo que he dicho y escrito a menudo. *La sociedad del cansancio* termina con Peter Handke. En su *Ensayo sobre el cansancio*, Handke contrapone la mano que trabaja y coge, por una parte, y la mano que juega y permanece, por otra. Cito sus palabras: «[...] y todas las noches, aquí, en Linares he estado contemplando cómo se iban cansando los muchos niños pequeñitos [...]; ningún afán ya, las manos ya no cogen nada, juegan solo».* «El cansancio

* Para la versión en castellano de estos fragmentos de Peter Handke seguimos la traducción de Eustaquio Barjau Riu, *Ensayo sobre el cansancio*, Madrid, Alianza, 1990, págs. 32-33 y 36. *(N. de la t.)*

profundo afloja la atadura de la identidad»,* la atadura del Yo. «Las cosas brillan, relucen y vibran en sus cantos. Se vuelven más imprecisas, más permeables, y acaso pierden algo en determinación», en su determinación consigo mismas. Las cosas se atraviesan unas a otras. «Se suprime la rígida delimitación que divide a unos de otros». Así pues, las cosas se vuelven cordiales unas con otras. Observa Handke: «La cosa, en este cansancio fundamental, no aparece nunca sola para sí, sino siempre junto con otras, y aunque haya solo pocas cosas, al fin todo está junto».

«Este cansancio funda una profunda cordialidad y hace posible la concepción de una comunidad que no precise pertenencia ni parentesco. Los hombres y las cosas se muestran unidos por un cordial "*y*". Handke ve esta colectividad singular, esta colectividad de singularidades modelada en un bodegón holandés». Vuelvo a citar a Handke: «Tengo para el "todo en uno" una imagen: aquellas naturalezas muertas, generalmente holandesas y del siglo XVII, en las que aparecen flores: en estas, de forma que parecen seres vivos, hay aquí un escarabajo, aquí un caracol, allí una abeja, allí una mariposa y, aunque quizás ninguno de ellos tiene idea de la presencia del otro, en este momento, están todos juntos». «El cansancio de Handke no es ningún cansancio del Yo, no es ningún cansancio del Yo agotado, sino que lo llama un "cansancio del nosotros". En este caso, yo no estoy cansado de ti, sino, como dice Handke, "te estoy cansado"». Retomo las palabras de este autor: «De este modo estába-

* Los fragmentos entrecomillados son autocitas de la obra de Byung-Chul Han *Die Müdigkeitsgesellschaft*, cuya versión en castellano extraemos de la traducción de Arantzazu Saratxaga Arregi, *La sociedad del cansancio*, Herder Editorial, S. L., Barcelona, 2012, pp. 76-77. *(N. de la t.)*

mos sentados —recuerdo que siempre fuera, al sol de las primeras horas de la tarde— y, hablando o callados, disfrutábamos del cansancio común. [...] Una nube de cansancio, un cansancio etéreo nos unía entonces».

[*VARIACIONES GOLDBERG, BWV 988,* VAR. 15]

La belleza de las cosas aparece ahora retardada en el recuerdo. Lo hermoso no es el brillo momentáneo, la atracción inmediata, sino la silenciosa persistencia de la estela. La belleza es una rezagada. No es hasta un tiempo después cuando las cosas revelan su fragante esencia, compuesta de sedimentos temporales de lenta fosforescencia.

[ZARABANDA DE *SUITES PARA VIOLONCHELO*]

En mi libro *Loa a la tierra* cito el poema de D'Annunzio «La pioggia nel pineto» [«La lluvia en el pinar»], que da la tonalidad a la obra. Tal vez también sea esta la tonalidad de mi pensamiento. Me gustaría concluir mi conferencia de hoy con ese poema.

Calla. En los umbrales
del bosque no oigo
las palabras que llamas
humanas; pero oigo
palabras más nuevas
que hablan gotas y hojas
lejanas.

LEIPZIG,
23 DE ABRIL DE 2023

Escucha. Llueve
desde las nubes desperdigadas.
Llueve sobre los tamariscos
salobres y quemados,
llueve sobre los pinos
escamosos y ásperos,
llueve sobre los mirtos
divinos;
sobre las fulgentes retamas
de flores henchidas,
sobre los rebosantes enebros
de fragantes bayas,
llueve sobre nuestros rostros
silvestres,
llueve sobre nuestras manos
desnudas,
sobre nuestras vestimentas,
ligeras,
sobre los frescos pensamientos
que el alma proclama
*como buena nueva.**

Hasta la próxima.

* Para la traducción de este fragmento del poema de Gabriele D'Annunzio seguimos la versión en castellano propuesta en la traducción de Alberto Ciria de *Loa a la tierra: un viaje al jardín*, *op. cit.*, pág. 155. *(N. de la t.)*

CODA

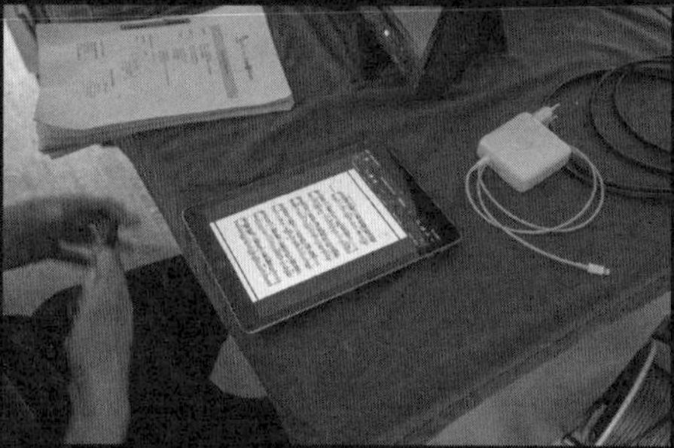

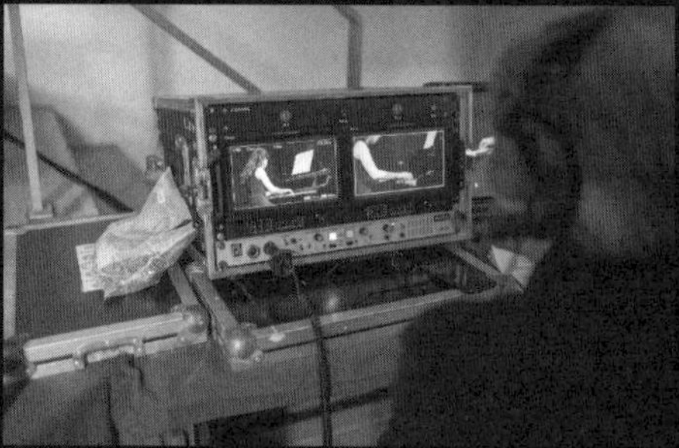

Oporto, 11 de abril de 2023

SOBRE EROS

Saludos a todos. Buenas tardes. Muchas gracias por su invitación. Me alegro de estar por primera vez en Portugal y de tener la oportunidad de dar esta conferencia.

Estar hoy aquí no me resulta nada fácil, porque por lo general no viajo. Solo salgo de mi casa una o, como mucho, dos veces al año. Es en ella donde paso la mayor parte del tiempo, sentado ante mi escritorio o ante mi piano de cola y rodeado de flores. Me cuesta muchísimo abandonar ese florido espacio protector. Si alguien quisiera invitarme, tendría que enviarme mi habitación de flores y mi piano de cola para que me acompañasen durante el viaje. En ese caso, tal vez podría salir hasta tres veces al año, lo cual ya sería una mayor frecuencia. Como saben, también soy jardinero. He escrito un libro sobre mis experiencias en el jardín que ya se ha publicado en portugués. He creado un jardín secreto que florece sobre todo en invierno. Por tanto, soy jardinero, y un jardinero no viaja. Se queda en su jardín. Yo he bautizado el mío como el «jardín secreto».

Pues bien, justo ayer me enteré de que el hotel en el que me alojo en Oporto se encuentra en una calle llamada «Flores». No quería desvelar cómo se llama el establecimiento en el que estoy pernoctando, pero los hechos, las circunstancias, las circunstancias objetivas, me obligan a revelar el nombre del hotel. Se llama Flores. Por cierto, me encantaría que alguien me dejara flores delante de la puerta de mi habitación. Pero que no llame. Únicamente recibo visitas de flores, no de personas. A la larga, solo consigo aguantar a las flores, pero no a las personas...

Hoy, después de mi conferencia, verán una película mía, de dos horas de duración, que rodé hace unos años. Quiero revelarles ya quién es el protagonista de este largometraje: una vez más, son las flores. En concreto, las hortensias, mis flores favoritas, son quienes interpretan el papel principal. Si en esta época del año encuentran hortensias en Oporto, por favor, tráiganmelas al Flores. Me harán feliz.

Yo no soy un director, no soy un realizador, y, además, he visto pocas películas, pero hacía mucho tiempo que albergaba un profundo deseo: hacer una película. Rodar una película. Cuando comencé este proyecto trabajaba como profesor en la Universidad de las Artes de Berlín. De hecho, rodé el filme con dos de mis estudiantes, que tampoco tenían experiencia en el cine. Yo me encargué de la dirección, de la escritura del guion y del montaje, y hasta compuse la banda sonora. Lo hice absolutamente todo. El último día de rodaje, cuando estaba rodando la primera escena, me encontraba solo en el plató. Como podrán ver, en la primera escena de la película aparecen mis manos sumergiéndose en agua. Y, como yo entonces estaba solo, actuando con mis manos, no podía utilizarlas para mover la cámara. Intenté entonces moverla con la boca, pero no funcionó. Traté de interpretar con las manos y de manejar la cámara con la boca, o sea, con los dientes. En aquel último día de rodaje en el plató estaba completamente solo. A menudo también estaba solo con las actrices. Y me ocupé de la cámara, de la iluminación... En fin, era el hombre para todo. Y eso se nota en la película. Por eso va a ser toda una experiencia para ustedes ver este largometraje. El filme tiene varias capas, una de ellas constituida por el famoso pianista Glenn Gould, que, como es sabido, pasaba frío incluso en verano. Solía llevar un grueso abrigo en los meses más cálidos, en pleno verano, porque se congelaba. Este personaje desempeña un papel crucial en mi película.

Antes de tocar el piano, sumerge las manos en agua caliente. Así es como empieza mi obra. En fin, ¡cuánta publicidad le estoy dando a mi largometraje!

Mis libros se leen sobre todo en España y en Latinoamérica, por lo que con mucha frecuencia recibo numerosas invitaciones desde Argentina o Brasil. Siempre las declino amablemente con una misma respuesta: «Sencillamente, ¡está tan lejos!». Si estuviese dispuesto a emprender un viaje tan largo como ese, preferiría ir primero a Marte o a la Luna. Para venir a Portugal, he tenido que volver a superar mi miedo... y he recibido una recompensa por ello. No tengo aquí mi habitación de flores, pero vivo en el Flores. Así pues, estoy parcialmente protegido. He tenido que reunir valor para abandonar una vez más mi espacio protector con su aroma a flores y su hermoso piano de cola. Pero estoy aquí, en Oporto, hablándoles a ustedes. Cuando pienso en Oporto, se me viene a la cabeza la maravillosa película *Nuit de chien*, del célebre director alemán Werner Schröter, que sumergió a esta ciudad en un ambiente tétrico y misterioso. Desde que vi ese largometraje, Oporto es para mí una urbe enigmática.

Tal vez si aterrizara en Marte podría pronunciar por primera vez una conferencia ante los marcianos; y tal vez en Marte se hable portugués.

Si alguien me pidiera que resumiese mi pensamiento filosófico en una sola frase, le propondría la siguiente: el otro desaparece. La pandemia también ha contribuido a que el otro desaparezca, convirtiéndolo en un posible portador de virus al que hay que mantener a distancia. Evitamos cualquier contacto físico, como si el otro fuese algo sucio. En este contexto, el contacto equivale a suciedad. Pero ya antes vivíamos en una sociedad sin contacto físico. Lo único que ha hecho la pandemia ha sido agudizar aún más este fenómeno.

La vivienda desde la que teletrabajamos se ha convertido en una especie de celda aislada dentro de una sociedad sin apenas contacto físico que nos blinda frente a los demás. ¿Somos capaces aún hoy de mantener el contacto, de tocar al otro? El contacto corporal es sumamente importante para la cohesión de una comunidad. Es la mano, el apretón de manos, lo que sella la confianza. A pesar de la conexión y la comunicación digitales, o precisamente debido a ellas, nuestra sociedad es realmente pobre en contacto. La pandemia ha agudizado esta pobreza digital de contacto. La hormona que se secreta cuando nos tocamos se llama oxitocina, aunque también se la conoce como la hormona del amor u hormona del vínculo madre-hijo. Es una de las hormonas de la felicidad. La hormona oxitocina construye la confianza y refuerza el vínculo interpersonal y la cohesión social. A lo largo de la historia el nivel de esta hormona ha ido disminuyendo de manera continuada, sobre todo en los denominados «países desarrollados», es decir, en Occidente. Los estudios señalan que la falta de contacto físico genera estrés y ansiedad, que la carencia de contacto nos deprime. Creo que nos sentimos cada vez más deprimidos porque ya no somos capaces de tocar al otro, porque estamos cada vez más atrapados en nuestro ego. La desaparición del otro causa depresión, precisamente.

Ya antes de la pandemia, la mano y la piel tenían más hambre y más sed de contacto físico, del otro —es decir, de tocar al otro o de ser tocado por el otro—, de lo que nunca antes habían tenido. La comunicación digital es una comunicación sin contacto físico, sin mirada ni cuerpo. En las constantes reuniones a través de Zoom, el otro mantiene su existencia espectral, sin mirada ni cuerpo. En el teletrabajo, durante el confinamiento, el otro estuvo totalmente ausente.

Los medios digitales dan lugar a una comunicación sin presencia. Ya Kafka consideraba que la carta era un medio de comunicación inhumano. De hecho, sostenía que este medio había «traído al mundo [...] un horrible trastorno de las almas».* En una conocida carta, Kafka le dice a Milena: «¡A quién se le habrá ocurrido pensar que la gente podía relacionarse por correspondencia! Se puede pensar en una persona lejana y se puede tocar a una persona cercana, todo lo demás supera las fuerzas humanas». La carta representa, según Kafka, una «relación con espectros». Los besos escritos, asegura, no llegan a su lugar de destino, sino que los espectros los atrapan y los absorben por el camino. Con el tiempo, los espectros de Kafka han inventado también internet, el *smartphone*, el correo electrónico, Twitter, Facebook y WhatsApp. Kafka diría que la nueva generación de espectros, es decir, los espectros digitales, son más voraces, desvergonzados y ruidosos. Esta comunicación espectral es una comunicación sin presencia, una comunicación fantasmal. Nos deprime. Solo la presencia nos hace felices.

Las reuniones por Zoom nos obligan a contemplarnos constantemente en el espejo digital. Y contemplar nuestro propio rostro en la pantalla nos cansa. Nos encontramos todo

* Extraemos esta y las siguientes citas de la traducción de Carmen Gauger de la obra de Franz Kafka *Cartas a Milena*, Madrid, Alianza, 2023, pág. 333. *(N. de la t.)*

el tiempo ante nuestra cara, lo cual provoca unos absurdos efectos secundarios. Durante el confinamiento se produjo un auge de las operaciones de cirugía estética. La imagen de nuestra cara borrosa en la pantalla nos lleva a dudar de nuestro propio aspecto, pero cuando la resolución es de calidad descubrimos de repente arrugas, manchas de la edad, ojeras y otros cambios poco atractivos en la piel. Durante la pandemia se multiplicaron las búsquedas sobre operaciones estéticas en Google. Desde entonces se habla ya de la dismorfia de Zoom: la imagen en el espejo digital provoca que la gente caiga en una dismorfia, es decir, en una atención desmesurada a los defectos de su aspecto físico. Esto significa que la pandemia también incrementa la presión de la autoptimización. El virus intensifica hasta un nivel extremo la obsesión por la optimización que ya nos atormentaba antes de la pandemia. Esa atención constante al ego, esa rumiación permanente en torno a uno mismo durante el teletrabajo, nos agota y nos deprime. El coronavirus ha sido un virus del cansancio.

Nuestra relación con el mundo nace en el momento en que ocupamos ese mundo y sus objetos con energías libidinosas. Hoy en día se está produciendo un bloqueo en las energías libidinosas porque no fluyen hacia el mundo, sino que retornan al yo. Este retorno de las energías libidinosas nos vuelve ansiosos y depresivos. La ansiedad surge cuando dejamos de ocupar los objetos con libido. Sin un vínculo con los objetos, el yo regresa hacia sí mismo. Es un yo carente de mundo, un yo que se vuelve carente de mundo. El yo se queda aislado en sí mismo y la pobreza de mundo nos deprime.

Quien ha estado deprimido, quien ha pasado por una depresión severa, sabe que las personas deprimidas pierden el mundo. Se quedan sin mundo. Si ustedes han experimentado alguna vez una depresión severa, sabrán que uno se queda separado del mundo, ¿no es así? Ese estado es mucho peor que el cáncer, la depresión es una enfermedad peor. Quien padece cáncer sigue manteniendo una relación con el mundo, pero quien se encuentra deprimido no tiene mundo. Y eso es peor que la muerte. Solo quien ha pasado por una depresión severa sabe lo que es eso.

En definitiva, teclear constantemente sobre el *smartphone* y deslizar los dedos por su pantalla condiciona masivamente la relación con el mundo, con el otro. Cuando me topo con información que no me interesa, la descarto enseguida. En cambio, cuando me encuentro con contenidos que me gustan, hago *zoom* sobre ellos. Tengo el mundo realmente en mis manos. Considero que el mundo ha de dirigirse exclusivamente a mi persona. De ese modo, el *smartphone* acrecienta el egocentrismo. Al teclear, someto el mundo a mis necesidades. El mundo, en su apariencia digital, me da la impresión de estar totalmente disponible.

El dedo índice que teclea lo convierte todo en consumible y disponible. El dedo índice que encarga productos o comida transmite sin remedio su hábito consumista a otras áreas. Todo lo que toca adquiere la forma de un producto y se vuelve consumible. En la aplicación de citas Tinder, degrada al otro a mero objeto sexual. Incluso le arrebata al otro su otredad y lo convierte así en consumible. Solo podemos hablar de que existe un contacto físico con el otro cuando este queda fuera de nuestro alcance.

La digitalización conduce forzosamente a la desaparición del otro. Hoy en día, a través de los medios digitales,

(13:14:11)

(13:14:22)

(13:19:52)

(13:26:07)

(13:40:03)

(13:40:10)

intentamos disponer del otro, acercar al otro tanto como sea posible, ubicarlo y seguirlo. Pero el afán por disponer del otro lo destruye. Los medios digitales no nos aportan más cercanía, sino tan solo una ausencia de distancia. La cercanía no es la ausencia de distancia. La cercanía es negatividad en la medida en que entraña lejanía. La cercanía y la lejanía van de la mano, se condicionan mutuamente, se refuerzan entre sí. La ausencia de distancia elimina la lejanía, pero también la cercanía. Hace desaparecer al otro. Solo cosificando al otro podemos generar una ausencia de distancia. De hecho, con el *smartphone* nos retiramos a una esfera que se halla a salvo de la *imprevisibilidad del otro*, una burbuja digital que nos blinda frente al otro. Al cosificarlo, convierte al otro en algo disponible. El *tú* se convierte en *ello*. Tenemos que conseguir que ese ello vuelva a ser un tú. Tú es el otro. La desaparición del otro es precisamente el motivo ontológico por el que el *smartphone* nos aísla. Un objeto consumible que satisface nuestras necesidades no permite establecer con él un vínculo intenso, una cercanía. Así pues, a pesar de que cada vez estamos más conectados e interrelacionados, nos sentimos más solos que nunca. Por desgracia, los consumidores están solos.

Desde que existe el *smartphone*, nos miramos cada vez menos a los ojos. La mirada se pierde. Pero la mirada *es* el otro. Como es sabido, también el niño pequeño se ve privado de la mirada porque su madre está absorta en su *smartphone*. En la mirada de su madre, el niño encuentra sostén, autoafirmación y comunidad. La mirada construye la confianza primigenia. La ausencia de mirada, en cambio, da lugar a una alteración en la relación con nosotros mismos y con el otro. Cuando perdemos la mirada, perdemos al otro. Sin mirada tampoco es posible generar empatía.

Por eso vivimos en una sociedad sin empatía. Si desaparece la mirada, desaparece también la caja de resonancia. Creo que la depresión se produce por una pérdida de resonancia, de resonancia con el mundo, de resonancia con el otro. Sin resonancia, no podemos sino quedarnos atrapados en nosotros mismos, convertirnos en prisioneros de nosotros mismos. Sin resonancia nos deprimimos.

La idea de la desaparición del otro también entronca con mi ensayo *La sociedad del cansancio*, en el que hablé de la autoexplotación en la sociedad neoliberal del rendimiento. Hay un aforismo de Kafka que dice así: «El animal le arrebata el látigo al amo y se azota a sí mismo para convertirse en amo». El animal piensa que es libre cuando se azota a sí mismo. Y nosotros hemos sucumbido a esta ilusión fatal. Nos explotamos voluntaria y apasionadamente, con la ilusión de que nos estamos realizando. En este caso, quien ejerce la presión destructiva no es el otro, sino nosotros mismos. Quien me explota, quien me azota, no es el amo: soy yo quien me azoto, soy yo quien me exploto. Soy al mismo tiempo amo y siervo. Esta es una libertad paradójica, en la que confluyen presión y libertad.

Hoy en día creemos que no somos un *sujeto* sometido, un sujeto en el sentido de *sujet à*, de *subject to*, al cual le es inherente cualquier tipo de sujeción. Hoy en día creemos que no somos un *sujeto* sometido, sino un *proyecto* libre, que se rediseña una y otra vez, creativo, ¿no es cierto? Un proyecto que se reinventa constantemente, que se optimiza. Yo odio la palabra *proyecto*. Este tránsito desde el sujeto hasta el proyecto va acompañado de una sensación de libertad. Sin embargo, ese proyecto de libertad acaba revelándose como una figura de opresión, incluso como una *forma más eficien-*

te de sometimiento. El yo como proyecto que cree haberse liberado de las presiones externas y de las presiones ajenas se somete ahora a las presiones internas y a las presiones propias, que se presentan bajo la forma de presiones de rendimiento y de optimización. Nos autoexplotamos con la convicción de que nos estamos realizando.

Vivimos en una época histórica especial, en la que la libertad genera por sí misma presiones. La libertad del verbo *poder* da lugar incluso a más presiones que el *deber* disciplinario, que se corresponde con los mandamientos y las prohibiciones. El *debo* tiene límites. En cambio, el *puedo*, el poder, carece de límites. Por tanto, la presión que nace del *poder* no conoce límites. Nos encontramos, pues, en una situación paradójica. En realidad, la libertad es la figura contraria a la presión. Ser libre significa estar libre de presiones. Y, sin embargo, esta libertad que constituye lo contrario de la presión genera por sí misma presiones insoportables.

El sujeto de rendimiento neoliberal que cree ser libre es, en realidad, un siervo, un *siervo absoluto*, en la medida en que se explota a sí mismo de forma voluntaria y sin necesidad de amo. De hecho, no tiene ante él ningún amo que lo obligue a trabajar. El sujeto neoliberal como empresario de sí mismo no es capaz de establecer con los demás relaciones que estén *libres de propósito*. Entre los empresarios de sí mismos tampoco puede surgir una amistad libre de propósito. Sin embargo, en origen *ser libre* significa «estar entre amigos»: en indoeuropeo, las palabras *libertad* y *amigo* poseen la misma raíz. En esencia, la libertad es una *palabra relacional*. Solo es posible sentirse verdaderamente libre dentro de una relación lograda. El aislamiento completo al que nos conduce el régimen liberal no nos hace libres de verdad. La *libertad* es sinónimo de *comunidad lograda*. Uno de los eslóganes publicitarios de la compañía aérea alemana Lufthansa dice *Only you* («Solo tú»). Esta no podría ser en ningún caso una buena base para la libertad.

La libertad individual constituye para Karl Marx una artimaña, una trampa del capital. El capital se multiplica gracias a la libertad individual. Mientras competimos despiadadamente los unos con los otros, el capital se reproduce. La libertad individual es una servidumbre en la medida en que el capital se apodera de ella para multiplicarse. Así pues, el capital explota la libertad del individuo para reproducirse a costa de ella. De ese modo, el individuo libre queda reducido a un mero órgano sexual del capital. En último término, la libertad individual, que hoy adopta una forma excesiva, no es más que el exceso del propio capital.

En la actualidad creemos hallarnos en libertad, pero en realidad nos explotamos apasionadamente hasta que nos rompemos. La pérfida lógica del rendimiento me obliga a superarme a mí mismo. En cuanto consigo algo, quiero conseguir más aún, es decir, quiero superarme. Sin embargo, no es posible superarse a uno mismo, ¿verdad? Esta absurda lógica del rendimiento acaba conduciendo al colapso. Pensamos que nos estamos realizando, que nos estamos optimizando, pero en realidad nos estamos explotando. Nos optimizamos hasta la muerte. ¿Y contra qué podríamos protestar? No hay nadie que me obligue a trabajar. De hecho, me exploto por mi propia voluntad. La célebre artista conceptual estadounidense Jenny Holzer crea lo que denomina *truisms* —máximas, aforismos o reflexiones a menudo contradictorias sobre cuestiones sociales, políticas y personales—, y uno de ellos dice lo siguiente: «Protect me from what I want» («Protégeme de lo que quiero»). Esa es la paradoja de esta libertad.

La desaparición del otro es un síntoma patológico del presente. Estar conectado no es exactamente lo mismo que estar vinculado. De hecho, la conexión sin límites debilita el vínculo. Cuando se tienen cuatro mil amigos, no existe en realidad ningún vínculo, ninguna cercanía. Una relación intensa requiere un otro que escape a mi disponibilidad. Solo la indisponibilidad del otro hace posible la cercanía. A un objeto disponible puedo someterlo a mis necesidades y también puedo consumirlo, pero no tocarlo. El otro no es un objeto disponible, consumible.

El filósofo judío Martin Buber escribió: «Quien dice tú no tiene algo, no tiene nada. Pero tiene una relación».* No es posible entablar una relación intensa con un ello disponible, con un objeto consumible, con un «algo» que satisface mis necesidades. Hoy en día estamos perdiendo por completo al otro, a este TÚ.

En los últimos tiempos se ha proclamado con frecuencia el final del amor. Se asegura que en la actualidad el amor está agonizando por culpa de la infinita libertad de elección y de la multiplicidad de opciones. En Tinder, de hecho, hay infinitas opciones. En un mundo de posibilidades ilimitadas, se dice, no es posible el amor. También se lamenta que

* Para la versión en castellano de estas palabras de Martin Buber seguimos la de Carlos Díaz Hernández de la obra de Martin Buber *Yo y tú*, Barcelona, Herder, 2017. *(N. de la t.)*

se haya enfriado la pasión, que se haya racionalizado el amor o que se haya expandido la tecnología de la elección. Sin embargo, estas tesis pasan por alto algo que hoy en día está ocurriendo y que, en esencia, deteriora el amor más aún que la libertad sin límites o que las infinitas posibilidades: lo que conduce a la crisis del amor es precisamente la desaparición del otro, que se está manifestando en todos los ámbitos de la vida y que va acompañada de una creciente narcisificación de uno mismo. Que el otro desaparezca constituye un proceso realmente dramático, aunque, de un modo fatal, muchas personas casi no se den cuenta de que se está produciendo.

El Eros se dirige al otro en un sentido enérgico, que no tiene cabida en el régimen del yo. En el infierno de lo idéntico, al que cada vez se parece más la sociedad actual, no existe una experiencia erótica, dado que esta requiere la asimetría y la exterioridad del otro. No es casual que Sócrates, como amado, se llame *atopos*. El otro, al que deseo y que me fascina, es *atopos*: escapa al lenguaje de lo idéntico. *Atopos* significa, en efecto, «sin lugar», lo cual quiere decir que no es posible ubicar al otro, que el otro escapa o se sustrae a mi disponibilidad. El filósofo francés Roland Barthes escribió: «Atópico, el otro hace temblar el lenguaje: no se puede hablar de él, sobre él; todo atributo es falso, doloroso, torpe, mortificante».* La negatividad del otro como *atopos* se sustrae al consumo. Así, la sociedad de consumo se afana por eliminar la otredad como *atopos* en favor de las diferencias consu-

* Para la versión en castellano de estas palabras de Roland Barthes seguimos la de Eduardo Lucio Molina y Vedia de la obra de Roland Barthes *Fragmentos de un discurso amoroso*, México, Siglo XXI, 2006. *(N. de la t.)*

mibles. La diferencia es una positividad, al contrario de la otredad, que es una negatividad. Hoy en día la negatividad está desapareciendo en todas partes. Todo se equipara con un objeto de consumo y de satisfacción de las necesidades.

Anomalisa, una maravillosa película en animación *stop motion* de Charlie Kaufman, retrata sin piedad el infierno actual de lo idéntico. Este largometraje también podría haberse titulado *Nostalgia del otro* o *Loa al amor*. En el infierno de lo idéntico no es posible *desear al otro*. El protagonista, Michael Stone, es un exitoso escritor y *coach* especializado en motivación dentro de una sociedad neoliberal. Su libro ha recibido una magnífica acogida en todas partes porque gracias a él la productividad se ha disparado. Sin embargo, a pesar de su éxito, Michael se hunde en una grave crisis existencial. Avanza solo, perdido, hastiado, desilusionado y desorientado en una sociedad volcada en el consumo y el rendimiento, desprovista de sentido, monótona y perfectamente pulida. En ella, todas las personas tienen el mismo rostro y hablan con la misma voz. Las voces del taxista, de la camarera y del director de hotel son exactamente iguales que la de su mujer. El rostro de los niños no se diferencia del de los adultos. Los clones pueblan este mundo, en el que, paradójicamente, todos quieren ser otros. Queremos ser auténticos, pero en este mundo de la autenticidad todos somos iguales, es decir, clones. Somos clones que quieren ser auténticos. Es una paradoja. Es algo imposible. Y vivimos en medio de esta paradoja.

Michael viaja a Cincinnati para dar una conferencia. De repente, en el hotel oye una voz de mujer. Esta es una película sobre una historia de amor. Pues bien, en el hotel oye de repente una voz de mujer que suena distinta. Entonces él llama a la puerta tras la que cree que se encuentra ella. Para su sorpresa, la mujer lo reconoce: ha viajado a Cincinnati para asistir a su charla. Se llama Lisa. Y no solo posee una voz distinta, sino también un rostro diferente. Sin embargo, está convencida de que es fea, de que su cara se aparta del modelo uniforme y optimizado de rostro. Además es regordeta y tiene una cicatriz en la cara que intenta esconder detrás del cabello. Pero Michael se enamora de ella, de su voz, que es otra, de su otredad, de su anomalía. En un arrebato de amor, la llama «Anomalisa». Por esa razón, este es también el título de la película.

Ambos pasan la noche juntos. Tras su conferencia, Michael regresa a casa, donde lo reciben su familia y sus amigos. Sin embargo, él ya no puede diferenciar a unos de otros, porque todos son idénticos. Todos son idénticos. En la última escena, Lisa le confirma a Michael su amor como si estuviera en otro mundo, un mundo que parece haberse liberado del hechizo de lo idéntico y en el que todas las personas recuperan su propia voz, su propio rostro. Lisa explica muy de pasada que en japonés *Anomalisa* significa «diosa del cielo». Anomalisa es el otro por antonomasia, que nos salva del infierno de lo idéntico. Ella es el *otro como Eros*.

En ese infierno de lo idéntico, las personas no son más que títeres movidos desde fuera. Por eso cobra pleno sentido el hecho de que la película no se haya rodado con actores reales, sino con muñecos. Gracias a las reveladoras grietas que aparecen en su propio rostro, Michael adivina que él mismo es un muñeco. En una de las escenas, parte de la cara del protagonista se desprende: Michael sostiene en la mano un trozo de la boca que se le ha caído y que de repente se pone a parlotear de manera automática. A Michael le invade el

«VIVIMOS EN UNA ÉPOCA HISTÓRICA ESPECIAL, EN LA QUE LA LIBERTAD GENERA POR SÍ MISMA PRESIONES.»

(13:42:53)

(13:42:55)

(13:43:20)

(13:46:08)

(13:59:49)

(14:01:00)

miedo de ser un títere. Hay unas palabras de Georg Büchner, un famoso escritor alemán, que podrían haber servido de lema para esta película: «Somos marionetas, fuerzas desconocidas nos manejan tirando de los hilos».*

Así pues, hoy en día vivimos en una sociedad cada vez más narcisista. La libido se invierte principalmente en la propia subjetividad. La depresión es una enfermedad narcisista, provocada por un egocentrismo desmedido y enfermizamente sobrecargado. El sujeto narcisista-deprimido carece de mundo y se encuentra abandonado, completamente abandonado por el otro. El Eros y la depresión se oponen entre sí. El Eros saca de sí mismo al sujeto, al sujeto deprimido, y lo arrastra hacia el otro. La depresión, en cambio, lo precipita hacia sí mismo. El actual sujeto narcisista del rendimiento se encuentra destinado fundamentalmente al éxito. Los éxitos traen consigo un reforzamiento del Uno a través del otro, y en ese proceso el otro se degrada, queda despojado de su otredad, hasta que se convierte en espejo del Uno, que ve así reforzado su ego. La lógica del reconocimiento provoca que el sujeto narcisista del rendimiento se vea atrapado de manera aún más profunda en su ego. De ese modo surge una depresión del éxito. Existe, pues, una depresión del éxito: cuanto más éxito tengo, más deprimido me encuentro. Paradójico. El sujeto deprimido del rendimiento se hunde y se ahoga en sí mismo. En cambio, el Eros permite experimentar al otro en su otredad y saca al Uno de su infierno narcisista.

* Extraemos esta cita de la traducción de Carmen Gauger de la obra de Georg Büchner *La muerte de Danton*, Madrid, Alianza, 2016, pág. 96. *(N. de la t.)*

Un buen ejemplo de la relación de tensión que se establece entre el Eros y la depresión es la película de Lars von Trier *Melancolía*, un maravilloso largometraje filosófico que narra la historia de una mujer que se cura de su depresión en el momento en que despierta ante el otro, es decir, en el momento en que despierta en ella un deseo hacia el otro. El otro aparece aquí en forma de un planeta llamado Melancolía, que, por su trayectoria, va a colisionar con la Tierra. Lars von Trier muestra este planeta azul en el cielo de la noche como una mirada del otro, como una mirada del amante hacia Justine. Ya les he dicho que el otro es la mirada. Así pues, ese planeta azul aparece como la mirada del otro al que Justine, la mujer deprimida, desea, y es en el momento en que surge el deseo cuando ella se cura de su depresión. El planeta azul que trae consigo la muerte, precisamente ese planeta la resucita, porque el deseo erótico de Justine, la mirada del otro, la libera de su depresión y la hace dejar de ser una persona deprimida para convertirse en una persona que ama. Esto significa que la mirada del otro, en forma de planeta, la transforman en una amante. Ante ese planeta portador de muerte, Justine se abre realmente y se salva gracias a su apetito. En esa escena de amor, de deseo, suena el famoso «Preludio» de *Tristán e Isolda* enlazado con la «Muerte de amor».

En los dos últimos años no he visto ninguna película; de hecho, rara vez veo algún largometraje. Creo que el cine es cada vez peor, aunque con esto estoy diciendo que mi película es mejor que las demás. Como les he explicado, soy filósofo, y no director de cine. Tras esta conferencia verán una película hecha por un filósofo. Probablemente se trata de la única película realizada por un filósofo al que no le gusta ver películas. En fin... ¿Por dónde iba?

En definitiva, la sociedad actual del rendimiento está plenamente dominada por el verbo modal *poder*. *Yes we can* es su lema. El Eros es precisamente una relación con el otro que se ubica más allá del rendimiento, más allá del poder. *No poder poder* —y no digo «poder», sino «no poder poder»— es el verbo modal del Eros. La negatividad de la otredad, esto es, la naturaleza de *atopos* del otro, que escapa de cualquier poder, de cualquier disponibilidad, de cualquier consumo, es un elemento constitutivo de la experiencia erótica. Hay un filósofo francés, Emmanuel Lévinas, que es un pensador maravilloso al que realmente necesitamos hoy en día. Se trata de uno de los filósofos más conocidos en Francia. Me consta que ha sido traducido al portugués. Todos deberíamos leerlo en estos días, porque su filosofía es ahora más importante que nunca. Además, es un autor que significa muchísimo para mí. Pues bien, Emmanuel Lévinas es el filósofo por antonomasia del otro, y escribe lo siguiente: «La esencia del otro es la alteridad. Por ello, hemos buscado esta alteridad en la relación absolutamente original del Eros, una relación que no es posible traducir en términos de poder».* No es posible traducir el Eros en términos de poder, de rendimiento. La absolutización del poder destruye al otro, precisamente. La relación lograda con el otro se manifiesta como una especie de fracaso, de caída. El otro solo se muestra a través del *no poder poder*. Vuelvo a citar a Lévinas: «Si fuese posible conocerlo [al otro], poseerlo o aprehenderlo, entonces ya no sería otro. Poseer, conocer, aprehender: sinónimos del poder». Solo podemos encon-

* Para la versión en castellano de las citas de Emmanuel Lévinas seguimos la traducción de José Luis Pardo Torío de la obra de Emmanuel Lévinas *El tiempo y el otro*, Barcelona, Paidós, 1993. *(N. de la t.)*

trarnos con el otro más allá del poder, es decir, en el *no poder poder*. En la caída. En el fracaso.

El amor se positiviza como sexualidad, que también se encuentra sometida al dictado del rendimiento. El sexo es rendimiento. Todo hoy es rendimiento. Las vacaciones son rendimiento. El sexo es rendimiento. Y el atractivo sexual es un capital que hay que multiplicar. El cuerpo, con su valor de exposición, equivale a una mercancía. No podemos amar al otro si se le ha arrebatado su alteridad u otredad; lo único que podemos hacer, simplemente, es consumirlo. El otro como objeto solo sirve para satisfacer mis necesidades.

La protagonista del superventas mundial *Cincuenta sombras de Grey* (es el ejemplo por antonomasia de un superventas internacional, incluso se han hecho varias películas a partir de él) se sorprende de que su compañero se plantee la relación como una «oferta de empleo, con sus horarios, la descripción del trabajo y un procedimiento de resolución de conflictos bastante riguroso».* El amor es rendimiento. Sin embargo, el principio del rendimiento no es compatible con la negatividad del exceso y de la transgresión que caracterizan al Eros. Entre los pactos con los que se compromete el sujeto femenino de la dominación, la «Sumisa», se incluyen abundante deporte, comida saludable y suficientes horas de sueño. Incluso le está prohibido picar entre horas cualquier cosa que no sea fruta. Esta «Sumisa» tampoco puede consumir alcohol en exceso y no puede

* Extraemos esta y las siguientes citas de la traducción de Pilar de la Peña Minguell y de Helena Trías Bello de la obra de E. L. James *Cincuenta sombras de Grey*, Barcelona, Grijalbo, 2012, edición digital *(N. de la t.)*

fumar ni drogarse. Hasta la sexualidad está sometida al mandamiento de la salud. Queda estrictamente prohibida cualquier forma de negatividad y de transgresión.

De hecho, los dos sujetos firman un contrato. Ahora resulta que el amor necesita un contrato. Con cláusulas. La lista de actos prohibidos incluye también el uso de excrementos. Se elimina la negatividad que supone la suciedad simbólica o real. Todo debe suceder de forma *clean*, es decir, de manera limpia e higiénica. Así, la protagonista se compromete a estar «limpia y depilada en todo momento». Impecable, por tanto. Las prácticas del sadomasoquismo no son más que variaciones en la sexualidad. Carecen de la negatividad propia de la vulneración o la contravención que caracteriza a la *erótica de la transgresión* de Georges Bataille, el filósofo francés del Eros. Según Bataille, la suciedad es sumamente importante para la erótica. El Eros es sucio, no *clean* ni higiénico. De hecho, los protagonistas de la obra no deben sobrepasar los «límites infranqueables», acordados de antemano, y establecen las denominadas «palabras de seguridad» para garantizar que, aun dentro de esos límites, no se adopten formas excesivas. Precisamente el abundante uso del adjetivo *dulce* a lo largo de la obra evidencia el dictado de la positividad, que convierte todo en una fórmula de disfrute y consumo. Incluso se habla de una «dulce tortura». En este mundo de positividad y satisfacción de las necesidades, solo está permitido aquello que es consumible. Hasta el dolor debe ser disfrutable.

Si se percibe al otro como objeto sexual, se deteriora esa «distancia primigenia», sí, esa «distancia primigenia» que evita que el otro se cosifique hasta transformarse en un objeto, en un «ello». Cuando el otro es un objeto sexual, deja de ser un «tú». No es posible entablar con él una «relación». Hoy en día el amor se positiviza como una fórmula de disfrute. Tiene que suscitar, ante todo, sentimientos agradables. Está exento de la negatividad de la herida o del dolor. *Falling in love*, como se dice en inglés (caer en el amor, es decir, enamorarse), sería demasiado doloroso, demasiado negativo. Pero el amor consta precisamente de esa negatividad. El amor no depende de nuestra iniciativa. Nos toma por sorpresa y nos hiere. El amor requiere la herida. En mi película hablo del amor como una herida. La sociedad del rendimiento, dominada por el verbo *poder* y en la que todo es iniciativa y proyecto, no puede acceder al amor en calidad de herida y pasión.

Hoy queremos que todo esté disponible. Buscamos una satisfacción inmediata a nuestras necesidades. Este proceso de inmediata puesta a disposición y de inmediata satisfacción de las necesidades conduce a la desaparición del Eros, del deseo erótico hacia el otro. Lévinas se refiere a la caricia y a la voluptuosidad como figuras del deseo erótico. La indisponibilidad es esencial tanto para la caricia como para la voluptuosidad. La caricia es «un juego con algo que se sustrae», como dice Lévinas;* esto es, un juego con algo que no está disponible. El amor, que hoy no es más que mera satisfacción de necesidades, disfrute y rendimiento, no es compatible con esa sustracción del otro que constituye el Eros, el deseo hacia el otro. La sociedad de consumo destruye ese deseo que tiende al otro, que no puede hacerse disponible ni consumirse. Un tú, el otro, se sustrae a la dispo-

* Extraemos esta cita de la traducción de Daniel E. Guillot de la obra de Emmanuel Lévinas *Totalidad e infinito*, Salamanca, Ediciones Sígueme, S. A., Salamanca, 2006, pág. 82. *(N. de la t.)*

«LA SOCIEDAD DEL RENDIMIENTO, DOMINADA POR EL VERBO *PODER* Y EN LA QUE TODO ES INICIATIVA Y PROYECTO, NO PUEDE ACCEDER AL AMOR EN CALIDAD DE HERIDA Y PASIÓN.»

nibilidad, al consumo. Solo la negatividad de la sustracción, de la indisponibilidad, evita que el otro, en calidad de tú, se vea reducido a un ello, a un objeto de consumo.

El hecho de que hayamos perdido nuestra capacidad de tocar al otro constituye un acontecimiento dramático. Viktor von Weizsäcker, un célebre médico y filósofo alemán, describe así la «escena primordial» de la curación: «Cuando la hermanita ve que el hermanito siente un dolor encuentra un camino que está más allá de todo conocimiento: cariñosamente su *mano* encuentra el camino, acariciando quiere *tocarlo* allí donde le duele. De este modo la pequeña samaritana se convierte en el primer médico. En ella opera inconscientemente un saber acerca de una eficacia primordial que dirige su impulso hacia la mano y conduce la mano hacia el contacto eficaz. Porque esto es lo que experimentará el hermanito: la mano le hace bien. Entre él y el dolor se interpone la sensación de "ser-tocado" por la mano de la hermanita y el dolor se retrae ante esta nueva sensación».* La mano que toca al otro es sanadora. Alivia el dolor. El contacto físico con el otro tiene, a todas luces, un poder curativo. Sin embargo, en la sociedad occidental impera una epidemia de dolores crónicos. El 70 o el 75 % de la población de Occidente padece dolores crónicos. Algo nos duele. Todo el mundo, de alguna manera y en algún sitio, padece un dolor. Es probable, desde el punto de vista filosófico, que este fenómeno se deba a que hemos dejado de tocarnos porque vivimos en una sociedad sin contacto físico. Esta sociedad produce dolores crónicos.

* Extraemos esta cita de la traducción de Dorrit Busch de la obra de Viktor von Weizsäcker *Escritos de antropología médica*, Buenos Aires, Libros del Zorzal, 2009, pág. 89; cursivas presentes en la edición en castellano. *(N. de la t.)*

En plena pandemia, cuando evitábamos los apretones de manos, descubrí unas enigmáticas palabras de Paul Celan, el poeta alemán más conocido, junto con Hölderlin, y al que debo muchísimo. Celan escribió en una carta breve y misteriosa: «Solo las manos verdaderas escriben poemas verdaderos. No veo ninguna diferencia fundamental entre un apretón de manos y un poema». ¿Qué quiso decir? ¿De qué están formadas las «manos verdaderas»? Las manos ¿se vuelven «verdaderas» al darse al otro? Las manos verdaderas, continúa Celan, pertenecen «a un ser humano, es decir, a un ser espiritual único y mortal que, con su voz y su mutismo, busca un camino». ¿Hacia dónde se dirigen las manos que buscan? ¿Hacia el otro? ¿Hacia el contacto físico? ¿Es el contacto físico con el otro lo que da lugar a la verdad de la mano? Celan añade: «Los poemas también son regalos». Los regalos tienden al otro. Con nuestras manos le ofrecemos regalos al otro. Dado que no existe ninguna diferencia entre un apretón de manos y un poema, un apretón de manos es un regalo. A ojos de Celan, hoy en día vivimos en un tiempo oscuro, en un tiempo sin manos verdaderas, es decir, sin poemas, sin contacto físico, sin deseo hacia el otro: «Vivimos bajo cielos sombríos y hay pocos humanos. Por eso probablemente también hay tan pocos poemas». Hoy en día, como ya saben, apenas leemos poesía, y eso se debe a que ya no quedan seres humanos. Podríamos decir igualmente que hoy no hay poemas en los que esté presente el deseo hacia el otro. Solo hay informaciones que hacen que todo esté disponible.

En la observación «no veo ninguna diferencia fundamental entre un apretón de manos y un poema» se concentra toda la poética de Paul Celan. En el célebre discurso que pronunció al recoger el Premio Georg Büchner, Celan afirmó: «El poema quiere ir hacia un otro, necesita a ese otro, necesita a un interlocutor. Lo busca, se lo asigna. Cada objeto, cada ser humano es para el poema que pone rumbo al otro una forma de ese otro». El poema vive del apretón de manos, del contacto físico con el otro o de la llamada al otro, es decir, de un tú en sentido enérgico. Celan continúa: «¿Se recorren entonces, cuando se piensa en poemas, se recorren esos caminos con los poemas? [...] Caminos en los que el lenguaje adquiere una voz; encuentros, caminos de una voz hacia un [...] tú».

El lenguaje verdadero no es un portador de información. Tampoco la mano verdadera es una herramienta para agarrar objetos o ejecutar determinadas tareas. Ningún medio orientado a un objetivo alcanza la verdad. El lenguaje es, originariamente, voz. Pero solo adquiere voz en presencia del otro. El lenguaje adquiere voz en el momento en que llamo al otro. Hoy en día apenas nos llamamos, solo nos escribimos textos. Solo nos escribimos textos, mensajes de WhatsApp. En definitiva, en su forma originaria, el lenguaje es una interpelación o una llamada. Solo el tú proporciona voz al lenguaje. También podríamos decir que, allí donde el lenguaje se reduce a mero portador de información, el otro, esto es, el tú, desaparece. Allí donde, como ocurre hoy en día, todo se convierte en un objeto consumible y disponible, desaparece el interlocutor verdadero en calidad de tú, esto es, el otro. Un objeto consumible que satisface nuestras necesidades no permite ningún vínculo intenso, ningún contacto físico. Hoy en día estamos perdiendo por completo a este TÚ, al otro, en medio del frenesí del consumo. El otro se consume. De este modo, nos alejamos cada vez más de esa utopía en la que un apretón de manos se siente realmente como un poema y nos hace inmensamente felices.

Para concluir, me gustaría citar un verso de Paul Celan que pone de manifiesto que el otro habita en la cercanía, pero en esa cercanía que entraña lejanía. Es paradójico. Cercanía y lejanía al mismo tiempo. No existe la cercanía sin lejanía, porque la cercanía sin lejanía no es cercanía, sino una ausencia de distancia en la que ya no puedo encontrar al tú, al otro. La lejanía es inherente a la cercanía. El otro, el deseo hacia el otro, requiere esta interacción entre cercanía y lejanía. La cercanía sin lejanía, como he explicado, es la ausencia de distancia, que degrada al otro hasta convertirlo en un objeto consumible. Sin la lejanía, sin la indisponibilidad, desaparecen el otro, el deseo hacia el otro, el Eros. Esta paradoja del Eros se refleja en el siguiente verso de Paul Celan: «Estás tan cerca que parece que no estás aquí».

Muchas gracias por su atención.

OPORTO,
11 DE ABRIL DE 2023

Lisboa, 13 de abril de 2023

SOBRE LA ESPERANZA

〈 〉

Saludos a todos. Buenas tardes.

Muchas gracias por su amable invitación. Dar una conferencia con ocasión del cincuenta aniversario de la Universidad Católica Portuguesa de Lisboa supone para mí un honor especial. Estar hoy aquí no me resulta nada nada fácil, porque por lo general no viajo. Solo salgo de mi casa una o, como mucho, dos veces al año. Es allí donde paso la mayor parte del tiempo. Cada día recorro mi habitación veinte veces, yendo de mi escritorio a mi piano de cola y viceversa. Tengo un Steinway y comienzo mis jornadas tocando el aria de las *Variaciones Goldberg*, de Johann Sebastian Bach. Cuando no se me ocurre nada, me acerco a mi piano, a mi Steinway. Es mi amada. Y toco a Bach. Yo no pienso: se piensa. Para mí, pensar es agradecer. Cuando toco el piano acuden a mí pensamientos hermosos y, sencillamente, digo «gracias», *grazie*. El pensamiento, pues, se compone de *grazie*, de gracias. Paso la mayor parte del tiempo sentado ante mi escritorio o ante mi piano de cola y rodeado de flores. En estos momentos, concretamente, magnolias. Soy un tipo extraño. Por las noches camino por las calles de Berlín provisto de un lazo hecho con una cuerda y robo todas las magnolias, las bellas magnolias. Después, me llevo las flores robadas a mi habitación, que se convierte así en un jardín de magnolias. ¡Todas ellas robadas! Es arriesgado. Algún policía podría pillarme con mi lazo, en medio de la noche berlinesa, robando de manera ridícula hermosas magnolias. El caso es que estoy felizmente rodeado de magnolias.

Me cuesta muchísimo abandonar este espacio protector con su aroma a flores. Las magnolias huelen de maravilla. Si alguien quisiera invitarme, tendría que enviarme mi habitación de flores con mi piano de cola para que me acompañase durante el viaje. Y no es sencillo. Sobre todo porque es caro. Por eso no viajo nunca. Si me enviasen mi habitación de flores para que me acompañase en el viaje, viajaría con más frecuencia. Hace unos días descubrí que Debussy, el grandioso compositor francés, componía en su famosa habitación de trabajo rodeado de flores. Se despertaba y abría la puerta, que daba a su jardín, un maravilloso jardín. Y en su habitación siempre había flores. No solo en verano, sino también en invierno. Eso significa que nos parecemos en algo: a la larga, solo aguantamos a las flores, pero no a las personas. Por eso él podía componer, por eso yo puedo pensar.

En fin, las flores. Soy un jardinero. Desde hace tres años practico la jardinería. He plasmado esta experiencia en mi libro *Loa a la tierra*, que se ha traducido también al portugués. En él recojo poemas y mis propias experiencias sobre la jardinería. Pues bien, a medida que creaba mi jardín, al que bauticé como el «jardín secreto», me fui volviendo muy religioso, es decir, me fui volviendo devoto. Me he vuelto muy devoto. Me he vuelto muy religioso. Gracias a las flores, gracias al jardín, me he convertido en una persona muy religiosa. Fuera de mi habitación de flores me siento desprotegido. Por eso nunca salgo de ella. Pero tengo un ángel. Un ángel que me acompaña... Anteayer di una conferencia en un cine donde mostré mi película. He rodado una película de dos horas, una película de amor, una película sobre el Eros, en la que he gastado toda mi fortuna. De hecho, al terminar el rodaje, estaba en la ruina, sin un céntimo. Pues bien, el protagonista de esta película sobre el Eros son, una vez más, las flores. Las hortensias interpretan el papel principal. Si ven esta película en Lisboa, se encontrarán con un filme en el que el papel principal corresponde a las hortensias. Interesante, ¿verdad? Como les decía, hay un ángel que me acompaña y que se ha ocupado de que en Oporto me aloje en un hotel que se encuentra en una calle llamada «Flores». Y les voy a revelar también el nombre del hotel. Si van a Oporto, tienen que ir a este establecimiento, es precioso. El nombre del hotel es «Flores». Así pues, he salido de mi habitación de flores, de mi espacio protector, pero mi ángel se ha ocupado de que también en Oporto esté rodeado de flores.

Como yo mismo soy católico y además de filosofía he estudiado teología católica, me siento especialmente a gusto en este lugar. Aquí tienen el monasterio, el Mosteiro dos Jerónimos. Yo podría haber sido también un monje en este Mosteiro dos Jerónimos, ¿verdad? Entonces vendría desde ese edificio hasta aquí y predicaría ante ustedes. Discúlpenme, aunque no sea cura siempre estoy predicando. Hoy ustedes no están en una conferencia sobre filosofía, sino en una predicación. Me gustaría que sonase alguna pieza de la música para órgano de Bach. Aunque al final no me convertí en monje, sino en filósofo, en general llevo una vida monástica. No es posible llevar otro tipo de vida cuando tu novia se llama Steinway y estás rodeado exclusivamente de flores. En estas circunstancias solo se puede llevar una vida monástica. Creo que, en último término, tengo más de cura que de filósofo. Si no fuese un cura, sería un mago, un prestidigitador o un encantador. Hoy tenemos tan poca magia... Me encantan la magia, los secretos y los encantamientos. Sería un mago, un encantador o un prestidigitador. Theodor Adorno decía de su mejor amigo, Walter Benjamin, que era «un mago». Con chistera y varita mágica. Qué bonito sería convertir este mundo en un lugar mejor con mi varita mágica... Creo que, en último término, el filósofo es un mago, un encantador. De hecho, en *El banquete*, el diálogo de Platón, se compara a Sócrates con el sátiro Marsias, que hechiza con la música de su flauta. En esta obra, Alcibíades, discípulo de Platón, dice que Sócrates hechizaba y encantaba a las personas con la fuerza de sus palabras. Al final, a Sócrates lo condenaron a muerte por su arte para el encantamiento. En cierta ocasión tuve la oportunidad de comunicarme con un superordenador, con la mejor inteligencia artificial que existía entonces, y le pregunté: «¿Es la filosofía una magia?». «No, la filosofía no es una magia, sino una ciencia». Esa fue la respuesta de la mejor inteligencia artificial. Qué estúpida es, ¿verdad? Con su ridícula voz soltó: «No, la filosofía no es una magia, sino una ciencia». *¡Science!* Qué estúpida. La inteligencia artificial no es capaz de pensar. Solo es posible pensar con el cuerpo. Con la emoción, con el sentimiento. Solo es posible pensar con la mortalidad, ¿no es cierto? Y sin cuerpo, sin emoción... La primera imagen que piensa, el primer *Denkbild*, siempre lo digo, es la piel de gallina. Si ustedes consiguen desarrollar una inteligencia artificial a la que se le ponga la piel de gallina, les concederán el Premio Nobel.

Si yo fuera un mago, qué hermoso sería hacer aparecer de mi chistera la paz en el mundo, el amor, la amistad o la cordialidad. Ese es mi objetivo: hacer aparecer por arte de magia de mi chistera amor, amistad, solidaridad. Soy filósofo, pero intento ser un mago. Para mí, el único mago, es decir, mi modelo, es Walter Benjamin. Adorno describió a su buen amigo Walter Benjamin como un mago. Adoro a Walter Benjamin. De hecho, es el único filósofo al que me gustaría abrazar. Es el único filósofo al que me gustaría abrazar, porque lo siento como un hermano. Y su debilidad es magia. Tienen que leer a Walter Benjamin, tienen que leer su obra

Denkbilder: imágenes que piensan o *Infancia en Berlín hacia el 1900*. Es la prosa filosófica más bella que se ha escrito jamás. Y qué doloroso es que este hombre perseguido por los nazis tuviera que suicidarse en su huida. Esos dramáticos días... Fueron algo horrible. Para esta conferencia, ¿dispongo de tres horas o de cuatro? ¿De tres y media? De acuerdo. Entonces me queda tiempo.

En un momento dado, en Marsella los judíos que se habían desplazado hasta allí con la intención de subirse a un barco y huir a Estados Unidos se quedaron sin escapatoria posible. No tenían forma de salir. Una noche, Walter Benjamin llamó a la puerta de una mujer que ayudaba a quienes trataban de huir. Él había estado en la cárcel y allí había conocido a un hombre que estaba casado con una judía, que era esta mujer. Pues bien, llamó a su puerta y ella lo acompañó en su travesía por la frontera francesa en dirección a España. Esta mujer que ayudaba a quienes huían escribió más adelante un libro en el que recogió todas estas dramáticas experiencias con Walter Benjamin. Tienen que leer ese libro. La huida de Walter Benjamin desde Marsella hacia España a través de la frontera está muy bien documentada. Es sencillamente desgarrador, ¿verdad? Él estaba enfermo, enfermo del corazón, y quería terminar aquella travesía por las montañas. Llevaba consigo un manuscrito, un pesado maletín. Se encontraba gravemente enfermo, tenía que atravesar las montañas para llegar a España y no estaba en condiciones de hacerlo. A mitad del camino se quedó sin fuerzas. Lo acompañaban también otras dos mujeres: una pintora y su hija. Y esa pintora y su hija tuvieron que dar la vuelta porque Walter Benjamin no podía continuar. Él pasó su última noche en medio del bosque. En medio del bosque. Los demás regresaron y él se quedó a dormir allí. En el bosque. Aquellos fueron su último sueño y su última noche. A la mañana siguiente, la pintora y su hija regresaron a donde él se encontraba. Walter Benjamin logró atravesar entonces la frontera hasta España, pero allí la policía los detuvo a todos y los confinó en un hostal con la intención de deportarlos a Alemania, a un campo de concentración. Ante esta situación sin salida, Benjamin decidió suicidarse.

Di una conferencia acerca de aquellos dramáticos días ante un grupo de productores de cine. Mi intención era rodar una película sobre esos últimos días de la huida de Walter Benjamin, titulada *El último sueño* o *La última noche. El último sueño*. En aquella última noche, Walter Benjamin tuvo un sueño. En su sueño, toda su vida volvió a desplegarse ante sus ojos. Amo tanto a Walter Benjamin que quería encargarme de que se hiciese una película sobre él. Quería ver de nuevo a Walter Benjamin en aquella dramática huida hacia España, tras la que pretendía viajar hacia Portugal y, desde allí, hacia Estados Unidos. Tenía un visado. Pero no lo consiguió. Todos aquellos manuscritos que llevaba consigo en la travesía por las montañas, todos aquellos valiosos manuscritos se han perdido. La policía dejó constancia de que él llevaba un maletín y una serie de manuscritos, pero todo se ha perdido. Es tan doloroso que un tesoro como este se pierda... ¿Y quién lo mató? Todos nosotros. De acuerdo, lo mataron los alemanes. Lo mataron los nazis. Pero si los españoles le hubiesen permitido continuar su viaje, Walter Benjamin no se habría suicidado. En fin, volveré al tema de mi conferencia de hoy, porque si no voy a estar hablando durante ocho horas. Tengo que darme prisa. Me daré prisa. Conseguiré terminar en una hora. No se preocupen, por favor. Estoy exagerando. Termino en cincuenta minutos, ¿de acuerdo? ¿No hay problema? Cincuenta. De acuerdo. Es una de mis malas costumbres. Cuando imparto clases, llego con diez páginas preparadas y al final no leo ni una sola de ellas.

Bien, ya les he explicado que para mí la vida monacal es un tipo de existencia muy feliz, ya que el monje ideal, es decir, aquel que no se ha corrompido, vive de la trascendencia. En nuestra sociedad de consumo y rendimiento hemos perdido toda trascendencia. Eso nos vuelve irreales. La trascendencia no es compatible con la inmanencia del consumo, el rendimiento ni la producción. Dios no consume. Dios tampoco produce. La creación divina no es rendimiento, sino un acto de amor. Hoy nos estamos perdiendo, hoy vegetamos en la inmanencia de la producción y del consumo. La vida sin trascendencia se reduce a una mera satisfacción de las necesidades. Esta vida consumista, esta vida sin trascendencia es una vida sin felicidad, una vida pobre, miserable, depauperada, atrofiada. Así pues, no es una vida humana, sino una vida de rebaño. Hoy todos nos hemos convertido en rebaño. Un rebaño del consumo, un rebaño de la comunicación, un rebaño de los datos, un rebaño de la información, y así sucesivamente.

Hoy me siento especialmente feliz de poder dar una conferencia con ocasión del cincuenta aniversario de la Universidad Católica. La palabra alemana *Jubiläum* ('aniversario') procede del vocablo latino *iubilare*. En portugués, si no me equivoco, *aniversario* se dice *jubileu*. En inglés, *jubilee*. Así pues, *Jubiläum*, *jubileu* y *jubilee* tienen la misma raíz etimológica. La palabra latina *iubilare* significa 'alegrarse', 'regocijarse', 'alborozarse'. Me pregunto si hoy en día estamos en condiciones de alegrarnos, de regocijarnos y de alborozarnos, más allá, quizá, de los campeonatos de fútbol. Hemos

(16:24:47)

(16:25:13)

(16:25:42)

(16:25:57)

(16:26:29)

(16:26:58)

perdido la capacidad de alegrarnos, regocijarnos y alborozarnos. Me pregunto si hoy en día estamos en condiciones de alegrarnos, de regocijarnos y de alborozarnos, de alabar. Me pregunto si aún estamos en condiciones de festejar, si aún poseemos capacidad de festividad y de celebración.

Yo adoro a Rainer Maria Rilke. Al trabajar en mi jardín, he aprendido a alabar la belleza. He leído muchísimos poemas de Rilke. Y he sido un profesor muy loco. En una de mis clases me limité sencillamente a leer en voz alta poemas de Rilke sobre las rosas. Fue hermoso para mí, ¡pero no para los demás! Los músicos a los que les estaba impartiendo aquella clase no pensaban, no escribían poemas. Al final de la clase se distribuyó un cuestionario de evaluación y uno de aquellos músicos apuntó en él: «No tengo tiempo que perder. Necesito practicar». Ese es el estado en el que se encuentra la universidad. Ustedes tienen que proponer una universidad diferente. Estas universidades expulsan al espíritu. Las universidades de arte expulsan al arte. Las humanidades expulsan al espíritu. Ustedes tienen que formar a idiotas. Tienen que formar a grandes sacerdotes. Tienen que educar a sacerdotes, de modo que, cuando los alumnos finalicen sus estudios, todos ellos vayan al monasterio. Solo así tendrán futuro.

Sí, *alegrarse* y *alabar* tienen su origen en un sentimiento intensificado de ser. Al concluir con la presencia de la plenitud divina de ser en el *sabbat*, *De civitate Dei*, de san Agustín, adopta un lenguaje característico del himno. El *sabbat* promete el reino de Dios, que, según san Agustín, «no tiene fin».

El sentimiento de festividad es un sentimiento intensificado de ser, pero, en nuestra sociedad de consumo y rendimiento, ya no conocemos esa festividad. Celebramos un aniversario, un *Jubiläum*, pero ¿somos capaces de alegrarnos, de regocijarnos y de alborozarnos? La fiesta comienza allí donde termina el tiempo cotidiano profano (literalmente, situado delante del recinto sagrado) como tiempo de trabajo. Presupone una bendición. El tiempo de la fiesta es un tiempo sublime, un *Hoch-Zeit*. En el *Hoch-Zeit* de la fiesta se es bendecido. Pero, si se anula esa bendición que separa lo sagrado de lo profano, tan solo queda el tiempo cotidiano y pasajero, que se explota entonces como tiempo de trabajo. Hoy en día el *Hoch-Zeit,* o tiempo sublime, ha desaparecido por completo en favor del tiempo de trabajo, que lo ocupa todo. Incluso las pausas se integran en este tiempo de trabajo: sirven para que descansemos de nuestra labor con el objetivo de que podamos seguir funcionando. El *Hoch-Zeit* es un tiempo pleno, a diferencia del tiempo de trabajo, un tiempo vacío que, simplemente, hay que rellenar o explotar.

La fiesta interrumpe el trabajo. El trabajo desconecta y aísla a las personas. Hoy estamos aquí reunidos para celebrar juntos un aniversario. La fiesta crea comunidad. Estamos juntos, ¿no es cierto? La fiesta reúne y une a las personas.

Desde este punto de vista, hoy en día tampoco existe la celebración. Pero podemos intentar celebrar este aniversario y suscitar un sentimiento de festividad. Pienso que hoy en día vivimos en un tiempo sin fiesta, en un tiempo desprovisto de fiesta. Hay un detalle lingüístico que nos da ya una idea de lo que es una fiesta. En alemán se dice: «Wir begehen ein Fest», «transitamos por una fiesta», para expresar que «celebramos una fiesta». La palabra alemana *begehen* pone de manifiesto la particular temporalidad de la fiesta. Anula la noción de un objetivo hacia el que haya que dirigirse. Cuando se transita no es necesario tomar una dirección para llegar a un lugar. La fiesta se rige por otro tiempo, en el que el tiempo entendido como sucesión de momentos pasajeros queda anulado. Se transita por la fiesta igual que se transita por un espacio en el que permanecemos, por el que no pasa nada. Al transitar por la fiesta, el tiempo no transcurre. Súbitamente se ilumina una trascendencia. Nos encontramos en un resplandor. Un resplandor... Adoro la palabra *resplandor*. Me gustaría escribir un libro sobre ella. El tiempo de la fiesta es, en cierto modo, perenne. En él se anula el carácter pasajero del tiempo. El tiempo de la fiesta es el tiempo que no transcurre, lo que corresponde a lo que denominamos «eternidad».

Karl Kerényi, célebre especialista húngaro en filología clásica y ciencias religiosas, muy conocido, escribe: «Un esfuerzo puramente humano, el cumplimiento corriente de un deber, no es precisamente una fiesta, y partiendo de lo no festivo no se podrá celebrar ni comprender una fiesta. Ha de sumarse algo divino por medio de lo cual sea lo que de otro modo sería imposible. Uno se eleva a un plano donde todo es "como en el primer día", luminoso, nuevo y primigenio; donde se está entre dioses, donde hasta uno mismo se torna divino; donde sopla un hálito creador y se participa de la creación. Esta es la esencia de la fiesta».* Qué hermoso sería que en una fiesta nos volviésemos divinos. Ya no somos divinos, ya no somos dioses. Nos hemos

* Para la versión en castellano de estas palabras de Karl Kerényi seguimos la traducción de Arantzazu Saratxaga Arregi y Alberto Ciria, *La sociedad del cansancio*, Barcelona, Herder, 2022, tercera edición digital, extraída a su vez de la traducción de Adán Kovacsics Meszaros y Mario León de la obra de Karl Kerényi *La religión antigua*, Barcelona, Herder, 2011, pág. 46. *(N. de la t.)*

convertido en siervos, en un rebaño. Es la triste realidad: hoy somos un rebaño del rendimiento, un rebaño de la información, anegado por el *smartphone*. Es un asunto muy triste. Vivimos en un infierno en el que ya no queda nada de la divinidad. Pero podríamos haber sido dioses, podríamos haber sido divinos.

En definitiva, la fiesta es el acontecimiento, el lugar en el que, como decía Kerényi, estamos entre dioses, en el que incluso nos tornamos divinos. En una fiesta nos tornamos divinos. Sin embargo, hemos renunciado a todo ello en beneficio del rendimiento, de la producción, de la comunicación, y nos hemos convertido en un miserable rebaño. Un rebaño no es lo mismo que un siervo. El siervo puede rebelarse; el rebaño no. El rebaño no abandona el redil, porque solo en él encuentra su alimento. Vivimos en un redil digital, vivimos como un rebaño de los datos, como un rebaño de la comunicación, y solo conocemos una palabra: *like*. Es triste.

Así pues, ya no tenemos ningún contacto con lo divino. Trabajamos, producimos y consumimos. En esto no hay ya ninguna trascendencia, ninguna divinidad. No sé... Sería tan hermoso que pudiéramos celebrar de verdad, estar entre dioses... Pero ¿hay algún dios hoy en este lugar? Eso sí, el ángel que me acompaña está aquí. Aquí mismo. Tengo un ángel que me protege. Si no, me rompería. Pero voy a dejar este tema para continuar con mi conferencia.

En definitiva, ¿es posible en la actualidad la fiesta? Hoy en día, en lugar de fiestas, ya solo hay eventos. Pero la temporalidad del evento no es el tiempo sublime, *Hoch-Zeit*. No es el tiempo de la permanencia atemporal. La palabra *evento* deriva del latín *eventus*. *Eventus* significa 'sobrevenir', 'suceder repentinamente'. Su temporalidad es la eventualidad. *Eventual* y *evento* proceden del vocablo latino *eventus*. La eventualidad es la temporalidad de la sociedad actual, la temporalidad de nuestros hábitos, que han perdido todo carácter vinculante, todo carácter enlazador. En la fiesta podemos permanecer; en el evento no. El tiempo de la fiesta, al que yo me refiero como «tiempo sublime», es todo lo contrario a la eventualidad.

El tiempo de la fiesta, como tiempo sublime que es, no admite la aceleración porque posee su propio tiempo, su propio ritmo. Es un tiempo narrativo. El tiempo del trabajo, en cambio, es un tiempo aditivo. A diferencia de la narración, la adición admite una aceleración sin límites, que incrementa la producción y permite la acumulación del capital. Es así como funciona el capitalismo.

Participar en la creación, tornarse divino, formar parte de la divinidad: esa es la esencia de la fiesta, la esencia de la celebración. La vida actual, colonizada en su totalidad por la producción, es una atrofia absoluta de la vida.

Tenemos que admitir de una vez por todas que hemos perdido esa existencia divina, esa trascendencia. La fiesta es lo contrario de la producción y del trabajo. La fiesta tiene más de derroche que de producción.

Es interesante observar que en todas partes los católicos tienden más al derroche que los protestantes. De hecho, mis libros se leen sobre todo en los países católicos y también en los nórdicos, como Finlandia o Suecia. En esas zonas, mis obras se leen porque se trata de libros católicos. Yo soy católico.

Las fiestas constituyen manifestaciones de la vida intensa, exuberante, desbordante. Hoy hemos perdido por completo la intensidad de la vida, que está retrocediendo ante el avance del consumo y la producción.

El título de mi conferencia de hoy es «Sobre la esperanza». Sin embargo, hasta ahora no he hablado de la esperanza, así que ustedes estarán ya impacientándose. Pero era necesario dar este rodeo, porque la esperanza tiene mucho que ver con lo que les he expuesto acerca de la trascendencia, de Dios, de la fe, del amor... El título de mi conferencia de hoy, pues, es «Sobre la esperanza», pero hasta ahora solo he hablado de fiesta y de tiempo sublime. El tiempo sin fiesta es también un tiempo sin esperanza. Ya les he dicho antes que hoy en día la trascendencia está retrocediendo en todas partes debido al avance de la inmanencia del consumo, de la producción y de la comunicación. La esperanza, sin embargo, no produce. Se orienta hacia lo que aún no es, lo que aún no ha sido, lo que aún no ha nacido. Voy a citar a san Pablo, pues adoro al san Pablo de la Carta a los Romanos. Ustedes deberían leer más la Biblia, es decir, en las facultades de Filosofía los estudiantes deberían leer sobre todo la Biblia. Desde un punto de vista filosófico. En fin, en su Carta a los Romanos, san Pablo decía: «Cuando se ve lo que se espera, ya no se espera más: ¿acaso se puede esperar lo que se ve?».* Qué sabiduría la de san Pablo. La modalidad de la esperanza es el «aún no». Se abre hacia lo venidero, hacia lo posible, hacia lo nuevo. Es una actitud del

* Extraemos estas palabras de Pablo de Tarso de la edición en castellano de la Biblia disponible en la página web del Vaticano, <https://www.vatican.va/archive/ESL0506/__PXR.HTM>. *(N. de la t.)*

«LA ESPERANZA NO ES LO MISMO QUE EL OPTIMISMO. NO ES LA CONVICCIÓN DE QUE ALGO SALDRÁ BIEN, SINO LA CERTEZA DE QUE ALGO TIENE SENTIDO, INDEPENDIENTEMENTE DE CÓMO SALGA.»

(17:57:14)

(18:06:05)

(18:06:12)

(18:06:33)

(18:06:58)

(18:14:48)

espíritu, un estado del espíritu que nos eleva por encima de lo ya dado, lo ya visto y, sobre todo, lo que no debería ser.

Hoy en día se lee muy poco a Gabriel Marcel, pero habría que leer a este autor, especialmente en la Universidad Católica. Es el filósofo de la esperanza. Es existencialista, pero se opone a Sartre y a Camus en el sentido de que se trata de un existencialista cristiano. Es un filósofo de la esperanza. Aquí, en esta Universidad Católica, deberían volver a leer a Gabriel Marcel, verdaderamente. Ahora se ha publicado una nueva edición de su obra en alemán. Pues bien, Marcel escribió un libro sobre la esperanza, una fenomenología de la esperanza. Es un libro que hay que leer. Gabriel Marcel, el filósofo cristiano de la esperanza, sostiene que la esperanza se encuentra integrada en el «tejido de una experiencia en curso», «de una aventura aún no concluida». *Esperar* significa, como expresa maravillosamente Gabriel Marcel, «dar crédito a la realidad». Qué expresión: «Dar crédito a la realidad». Es la definición más bella de la esperanza. Significa creer en la realidad, de modo que la realidad sea portadora de futuro. Nos convierte así en creyentes en el futuro. Estas palabras son mías: la esperanza nos convierte en creyentes en el futuro.

La experimentación más intensa de la esperanza tiene lugar en la trascendencia. Voy a leerles unas palabras de Václav Havel, que pasó largo tiempo en la cárcel por defender los derechos humanos frente al régimen comunista. No solo fue escritor, sino también filósofo, un maravilloso filósofo, y se convirtió en presidente de Checoslovaquia tras la caída del Bloque del Este. En su profundísima desesperación durante su etapa en la cárcel, debió de sentir algo de esa esperanza absoluta. En una desgarradora carta plasma unos pensamientos extraordinarios acerca de la esperanza. Quisiera citarles ahora sus palabras al pie de la letra, porque son maravillosas. En ellas define la esencia de la esperanza. Aunque no era un filósofo en sentido estricto, las suyas son las palabras más acertadas acerca de la esperanza. La carta dice así: «En primer lugar, me gustaría decir que entiendo [...] la esperanza, sobre la que reflexiono a menudo [en la cárcel], ante todo como un estado del espíritu, especialmente en las situaciones particularmente desesperadas, como la prisión. La esperanza es [...] una dimensión del alma; no depende en su esencia de la observación del mundo ni de la valoración de las situaciones. La esperanza no es un pronóstico. Es una orientación del espíritu, una orientación del corazón, que trasciende el mundo que se experimenta de inmediato y está anclada en algún lugar más allá de sus horizontes». La esperanza está anclada en algún lugar lejano, «más allá de sus horizontes. No me parece que sea posible explicarla sencillamente como un mero derivado de algo terrenal, de algún movimiento en este mundo o de sus señales favorables. Siento que sus raíces más profundas se hallan, pues, en algún lugar de lo trascendente [...]». Sí, en lo trascendente. «La esperanza, en este sentido profundo y poderoso, no es lo mismo que la satisfacción por que vayan bien las cosas ni la voluntad de invertir en empresas que aparentemente van a conducir pronto al éxito». Eso es lo que hace hoy la universidad, ¿no? La universidad como empresa en la que hay que invertir para lograr un éxito rápido. Pero esa no es la universidad de la esperanza. La universidad de la esperanza se guía por lo que aún no ha nacido, se encamina hacia lo que aún no es. Ese es el espíritu, esa es la esperanza, tiene que haber una universidad de la esperanza. Dado que he hecho el esfuerzo de abandonar mi espacio protector de flores para dirigirles estas palabras, espero que esta Universidad Católica sea una universidad de la esperanza que, en lugar de matar el espíritu, vuelva a traerlo al mundo.

Continúo con la cita: «La esperanza, en este sentido profundo y poderoso, no es lo mismo que la satisfacción por que vayan bien las cosas [...], sino más bien la capacidad de trabajar por algo porque es bueno». Repito: «De trabajar por algo porque es bueno, y no solo porque tengamos un éxito garantizado. Cuanto más desfavorable sea la situación en la que pongamos a prueba nuestra esperanza, más profunda será esa esperanza. La esperanza no es lo mismo que el optimismo. No es la convicción de que algo saldrá bien, sino la certeza de que algo tiene sentido, independientemente de cómo salga. Por eso creo que la esperanza más profunda e importante, la única que nos mantiene a flote a pesar de todo, es capaz de inspirar buenas acciones y constituye la única fuente verdadera de la grandeza del espíritu humano». La esperanza, pues, es la única fuente de la grandeza del espíritu humano «y de su empeño por tomar algo "de otro lugar"», de la trascendencia. «Y, por encima de todo, esta esperanza es también lo que nos da fuerzas para vivir y para volver a intentar algo una y otra vez, aunque las condiciones de ahí fuera sean tan desesperadas, como, por ejemplo, las de aquí dentro», esto es, las de la cárcel.

Para Václav Havel, la esperanza es un estado del espíritu, una «dimensión del alma». Al ser una «orientación del corazón», una «orientación del espíritu», nos indica el camino. Guía a los seres humanos a través de territorios por los que, de no ser por ella, no conseguirían orientarse. Havel no ubica la esperanza en la inmanencia del mundo, sino que cree más bien que procede de otro lugar, de algo situado en la lejanía. La esperanza hunde sus raíces en una trascendencia, como asegura él mismo. Es absoluta en la medida en que es totalmente independiente de la evolución de las cosas en este mundo. Escapa a cualquier pronóstico, a cualquier cálculo. Havel no se considera a sí mismo ni optimista ni pesimista, porque la esperanza es independiente del rumbo que tomen las cosas.

Hago algo y ese algo tiene sentido. En eso consiste la esperanza, y no en calcular cuánto éxito cosechará una empresa. Sencillamente, hacemos algo. Puede que los demás consideren que estamos locos, pero ese algo tiene sentido para nosotros. Hagámoslo. La esperanza presupone valor. Y fe. Desde la Antigüedad, la esperanza se ha contrapuesto a la acción. Como es bien sabido, se suele criticar la esperanza por carecer de la determinación necesaria para actuar. Quien espera no actúa con determinación. Quien espera cierra los ojos ante la realidad. La esperanza produce fundamentalmente ilusiones y aleja a la gente de la realidad, de la vida del aquí y del ahora. También Albert Camus, como antagonista de Gabriel Marcel y prominente crítico de la esperanza, compartía esta visión: «El quiebro mortal [...] es la esperanza. Esperanza de otra vida [...] o trampa de quienes no viven para la vida en sí, sino para alguna gran idea que la supera, la sublima, le da un sentido y la traiciona».* La esperanza se identifica así con la resignación, la falta de ganas de vivir, el rechazo a la vida. Sigo citando a Camus: «De la caja de Pandora en que bullían los males de

* Para la versión en castellano de estas palabras de Albert Camus seguimos la traducción de Esther Benítez, *El mito de Sísifo*, Barcelona, Literatura Random House, 2021, edición digital, pág. 6. *(N. de la t.)*

la humanidad, los griegos hicieron salir en último término a la esperanza, como el más terrible de todos. No conozco símbolo más conmovedor. Pues la esperanza, contra lo que se cree, equivale a la resignación. Y vivir no es resignarse».* Es decir, vivir no es esperar.

Pero yo objetaría a Camus: ¿qué es exactamente la «vida en sí» o «la vida misma» (*la vie même*) a la que, en teoría, la esperanza quiebra e incluso «traiciona»? ¿Se trata simplemente de la vida que se alimenta, de la vida nutritiva, de la vida sin más? ¿Acaso es concebible o deseable esa «vida misma» que prescinde de cualquier «idea», de cualquier «sentido»? La propia libertad, sin la cual la acción resultaría inconcebible en el sentido enfático, es ya por sí misma una idea que da sentido. Sin idea, sin sentido, la vida se reduce a mera supervivencia o, como ocurre hoy, a inmanencia del consumo, a una vida sin más. Los consumidores no esperan. Tan solo tienen deseos y necesidades que hay que satisfacer. Tampoco necesitan un futuro. Viven en el presente del consumo. Allí donde el consumo lo ocupa todo, también el tiempo queda reducido al presente de la necesidad y de la satisfacción de las necesidades. El capitalismo se afana en maximizar las necesidades y los deseos. La esperanza no forma parte de la lógica del capital. Quien espera no consume. Ese es el problema. Esto significa que el capitalismo aniquila la esperanza y, de ese modo, nos convierte en un rebaño del consumo. La esperanza no puede ni capitalizarse ni monetizarse.

* Para la versión en castellano de estas palabras de Albert Camus seguimos la traducción de Jorge Zalamea, *Bodas y el verano*, «El verano en Argel», Barcelona, Penguin Random House, 2020, edición digital, ubicación 320. *(N. de la t.)*

En Camus, el concepto de esperanza es demasiado angosto. Descarta cualquier dimensión de la acción. Pasa completamente por alto la dimensión activa de la esperanza, que nos incita a actuar y nos inspira para lo nuevo. En realidad, la esperanza presenta un núcleo activo. El espíritu de la esperanza aviva nuestra acción y le da alas. El filósofo y psicoanalista alemán Erich Fromm escribió lo siguiente acerca de esta esperanza activa, que actúa y decide: «La esperanza es paradójica. No es ni una espera pasiva ni un violentamiento ajeno a la realidad de circunstancias que no se presentarán. Es, digámoslo así, como el tigre agazapado que solo saltará cuando haya llegado el momento preciso. [...] Tener esperanza significa, en cambio, estar presto en todo momento para lo que todavía no nace. [...] Aquellos cuya esperanza es fuerte ven y fomentan todos los signos de la nueva vida y están preparados en todo momento para ayudar al advenimiento de lo que se halla en condiciones de nacer».* Esto significa que la esperanza nos proporciona un tercer ojo.

La esperanza es visionaria, profética. Nos infunde una fuerza para actuar y para ver que ni la razón ni el entendimiento podrían darnos. Agudiza nuestra atención hacia lo que aún no es, lo que aún no ha nacido, lo que va despuntando en el horizonte del futuro. Es la matrona de lo nuevo. Sin esperanza no hay inicio ni revolución, no hay futuro. Sin esperanza solo hay un presente optimizado. Es posible que en su momento las esperanzas impulsaran también la evolución. No en vano, la esperanza es la fuerza estimuladora de la vida. Protege

* Para la versión en castellano de estas palabras de Erich Fromm seguimos la traducción de Daniel Jiménez Castillejo de la obra *La revolución de la esperanza*, México, Fondo de Cultura Económica, 1970, pág. 21. *(N. de la t.)*

la vida frente al anquilosamiento, frente a la parálisis. La esperanza es «un estado, una forma de ser», en palabras de Erich Fromm, una «disposición interna, un intenso estar listo para actuar». Así pues, es una fuente interna de movimiento y acción. Más allá de la mera laboriosidad y actividad, nos pone en contacto con la virginidad de lo que aún no ha nacido. Renueva nuestra acción, nuestra vida, abriéndolas a lo posible, a lo nuevo. Así pues, genera el futuro.

Debemos diferenciar entre dos formas de futuro: el *futur* y el *avenir*. El *futur* es aquello a lo que nos referimos cuando hablamos de lo que ocurrirá después, mañana, el mes que viene, el próximo año... El futuro de tipo *futur* es previsible, planificable y calculable. Es posible administrarlo y optimizarlo. En cambio, el futuro como *avenir*, en el sentido que tiene esta palabra en francés, corresponde a los acontecimientos que suceden de forma completamente inesperada. Entraña más posibilidades que el *futur*. Permite que aparezcan otros mundos posibles en el horizonte. El futuro como *avenir* es el advenimiento del otro, cuya llegada no es previsible ni calculable. Lo que caracteriza al *avenir* es su indisponibilidad. Se escapa de cualquier cálculo. Ese es el verdadero futuro.

También la esperanza cristiana tiene su lugar en la trascendencia de la fe y del amor. En su *Teología de la esperanza*, el célebre teólogo alemán Jürgen Moltmann sostiene lo siguiente: «La esperanza cristiana se dirige a un *novum ultimum*, a la nueva creación de todas las cosas por el Dios de la resurrección de Cristo. Abre con ello un amplísimo horizonte de futuro, que abarca también la muerte, un horizonte en el cual puede y debe integrar también, suscitándolas, relativizándolas y orientándolas, las esperanzas limitadas puestas en la renovación de la vida».* Es la esperanza, y no esa asignatura llamada «Creatividad», la que posee la fuerza de la creación. La creatividad mata a la creación. Así pues, tenemos que acabar con la creatividad para poder acercarnos de nuevo a la creación. La creatividad es una fuerza creativa del ser humano de la que se ha apropiado el capitalismo. Esta creatividad nos arrebata la fuerza de la creación, nos arrebata la divinidad. En consecuencia, tenemos que acabar con esa creatividad de la que hoy se habla en todas partes para poder acercarnos de nuevo a la creación divina. La creatividad es una artimaña capitalista que pretende explotar por sí misma la creación divina. Hay dos palabras que odio: *creatividad* y *proyecto*.

La esperanza, el amor y la fe están hermanados entre sí. De hecho, Achim von Arnim se refiere a la esperanza, el amor y la fe como «las tres bellas hermanas». Quien carece de la capacidad para la fe y el amor, es decir, quien no puede trascenderse a sí mismo, tampoco puede esperar. Hoy todos somos ego. Nos atrincheramos exclusivamente en el ego. Quien se atrinchera en el ego no puede esperar. Quien espera sale de sí mismo. Mediante la expresión «tengo esperanza en ti por nosotros», Gabriel Marcel hace hincapié en esa dimensión de la esperanza que permite trascender el yo para llegar al nosotros, a la comunidad.

La esperanza cristiana no conduce a una pasividad inactiva, sino que más bien incita a la acción, estimulando la

* Extraemos la versión en castellano de este fragmento de la traducción de Diorri (A. P. Sánchez Pascual) de la obra de Jürgen Moltmann, *Teología de la esperanza*, Salamanca, Sígueme, 1972, pág. 42. *(N. de la t.)*

«EL CULTO A LA POSITIVIDAD AÍSLA A LOS SERES HUMANOS, LOS VUELVE EGOÍSTAS Y EROSIONA LA EMPATÍA, PORQUE LA GENTE DEJA DE INTERESARSE POR EL SUFRIMIENTO DE LOS DEMÁS.»

fantasía de la acción y despertando la «capacidad inventiva [...] en el salir de lo antiguo e instalarse en lo nuevo».* No huye del mundo, sino que «anhela el futuro», es portadora de futuro. Su esencia no es la retirada quietista, sino el *cor inquietum*, el corazón intranquilo. La esperanza aguijonea el espíritu de la revolución. Decía también Moltmann: «En este sentido la esperanza cristiana ha tenido siempre una actuación revolucionaria dentro de la historia intelectual de las sociedades afectadas por ella». La determinación para la acción es inherente al espíritu de la esperanza. Quien espera se halla inspirado por lo nuevo, por el *novum ultimum*, por lo posible, por lo que aún no ha nacido. La esperanza se atreve a dar el salto hacia una vida mejor. Por eso decía Gabriel Marcel que la esperanza es un impulso, un salto. Un rebaño, en su cercado, no tiene capacidad de impulso ni de salto.

A los críticos de mis libros los sorprenderá que de repente hable de esperanza. Siempre se me ha reprochado que mi pensamiento es pesimista. En realidad, el mío es un pensamiento esperanzado. Solo quien espera puede pensar. Pero el pensamiento esperanzado no tiene nada que ver con el optimismo.

A diferencia de lo que ocurre con la esperanza, el optimismo carece de toda negatividad. No conoce ni la duda ni la desesperación. Sin embargo, yo me encuentro desesperado en esta sociedad. Por eso tengo esperanza. La esencia del optimismo es la positividad inmaculada. El optimista

* Jürgen Moltmann, *Teología de la esperanza*, *op. cit.*, págs. 43 y 24. *(N. de la t.)*

vive convencido de que, de alguna manera, las cosas irán a mejor. Para él, el tiempo está cerrado. No concibe el futuro real como un espacio inacabado de posibilidades y nacimientos. Nada ocurre. El optimista contempla el futuro como un asunto zanjado desde hace ya mucho tiempo. Sin embargo, la indisponibilidad y lo lejano son inherentes al futuro. El optimista nunca mira a lo lejos. No cuenta con lo inesperado ni con lo incalculable.

Y, sobre todo, nunca cuestiona las estructuras sociales en las que las cosas se encuentran integradas y que determinan la evolución de estas. En realidad, se halla sometido, sin esperanza alguna, al sistema social vigente, pero no es consciente de ello. Así pues, no tiene capacidad alguna para hacer la crítica básica. Quien espera puede criticar. Quien es optimista carece de capacidad de crítica. Por eso yo no soy optimista. Soy una persona esperanzada. En consecuencia, lo que necesitamos hoy en día no es optimismo, sino una esperanza radical en lo nuevo, en una forma de vida completamente distinta, que nazca de la negatividad, de la crítica.

A diferencia del optimismo, al que nada le falta y que no se mueve, la esperanza constituye un movimiento de búsqueda. Es un intento de encontrar una dirección, de tomar una dirección. De ese modo, avanza también hacia lo desconocido, hacia lo intransitado, hacia lo abierto, yendo más allá de lo que ya es, de lo que ya ha nacido. Se dirige hacia lo no nacido. Pone rumbo hacia lo nuevo.

El optimismo no necesita adquirirse. Más bien constituye algo tan evidente e incuestionable como la altura de una persona u otros rasgos imposibles de modificar: «El optimismo está tan atado a su apacibilidad como el condenado a galeras a su remo: una perspectiva bastante desconsoladora». El optimista no necesita motivos para justificar su actitud. En cambio, la esperanza no viene dada de manera natural. Va surgiendo. A menudo hay que invocarla, conjurarla expresamente. Se caracteriza por su indisponibilidad. Al contrario que el optimismo, al que le falta toda determinación, la esperanza activa presupone un compromiso. El optimista no actúa. Toda acción entraña siempre un riesgo. De ese modo, el optimismo carece de cualquier negatividad.

Les ruego que tengan un poco de paciencia. Enseguida termino. Por favor, sean pacientes. Conmigo siempre hay que tener paciencia. A cambio, ustedes pueden escuchar un bello discurso. ¿No es bonito eso? El pesimismo no se diferencia esencialmente del optimismo, sino que es su antagonista exacto. También para el pesimista el tiempo está cerrado. El pesimista se encuentra atrapado en el «tiempo como prisión». El pesimista niega rotundamente todo sin aspirar a una renovación ni aventurarse en otros mundos posibles. Es tan terco como el optimista. Tanto el optimista como el pesimista están ciegos ante las posibilidades. Lo posible, aquello que podría imprimir un giro inesperado a la evolución de las cosas, les resulta ajeno. Carece de la fantasía de lo nuevo, de la pasión por lo posible. Quien espera apuesta por posibilidades que van más allá de «lo que no debería ser». La esperanza nos capacita para escaparnos del tiempo cerrado como prisión.

También tenemos que diferenciar la esperanza del «pensamiento positivo» o de la «psicología positiva», que, al apartarse de la psicología del sufrimiento, solo se interesa por el bienestar, la felicidad y el optimismo. Según esta psicología positiva, para incrementar la felicidad es necesario sustituir inmediatamente los pensamientos negativos por otros positivos. Los aspectos negativos de la vida se tapan por completo. El mundo se presenta como unos grandes almacenes o como una empresa de venta a distancia, un Amazon en el que, gracias a nuestra actitud positiva, recibiremos cualquier cosa que encarguemos. En él, cada cual es el único responsable de su propia felicidad. El culto a la positividad hace que las personas a quienes les va mal se sientan culpables, en lugar de apelar a la sociedad y responsabilizarla de su sufrimiento. El sufrimiento siempre está condicionado por la sociedad, pero la psicología positiva lo psicologiza y lo privatiza.

El culto a la positividad aísla a los seres humanos, los vuelve egoístas y erosiona la empatía, porque la gente deja de interesarse por el sufrimiento de los demás. Cada cual se ocupa solo de sí mismo, de su propia felicidad y de su propio bienestar. El culto a la positividad en el régimen neoliberal mina la solidaridad de la sociedad. En cambio, la esperanza, a diferencia del pensamiento positivo, no evita la negatividad de la vida. La tiene presente. Además, tampoco aísla a los seres humanos, sino que los une y los reconcilia. Así pues, el sujeto de la esperanza somos nosotros.

Mi libro *Der Geist der Hoffnung** se publicará a principios de año en Alemania... Bueno, yo siempre tiendo a disiparme. Permítanme ahora que lo haga una vez más. En este libro quería incorporar ilustraciones, así que escribí al famoso artista Anselm Kiefer y le pregunté si le gustaría

* *El espíritu de la esperanza.* De próxima publicación en castellano en Barcelona, Herder, 2024. *(N. de la t.)*

contribuir a mi obra con alguna imagen. Entonces recibí el siguiente mensaje de correo electrónico: «Ya va en camino un paquete de DHL para usted». Y su respuesta llegó en forma de un gran paquete de DHL. Recibí un paquete enorme a través de esta empresa. Era un cuadro suyo. En el reverso había escrito una carta a lápiz, con una letra manuscrita gigantesca, una maravillosa letra de niño: «Sí, quiero contribuir con mis cuadros». Entonces volví a observar aquella respuesta, el paquete de DHL, la carta, y mi contestación fue: «¿La próxima expedición me llegará en carretilla?». Es el antídoto y el antónimo del correo electrónico. Es algo maravilloso... Esta comunicación a través de DHL me hizo feliz. No es que me guste DHL, pero en aquel momento la adoré, adoré recibir la comunicación con aquel envío. Es increíble lo sincera que es esta clase de comunicación.

Para la edición en alemán volví a confiar en la editorial Herder. Es cristiana, en concreto católica, de Friburgo. Pertenece a una casa editorial católica. Y el subtítulo de mi libro sobre el espíritu de la esperanza es el siguiente: *Wider die Gesellschaft der Angst* («Contra la sociedad del miedo»). La esperanza y el miedo son opuestos. El miedo recorre nuestro tiempo como un fantasma. Nos enfrentamos constantemente a escenarios apocalípticos: pandemia, guerra mundial, Ucrania, catástrofes climáticas. Cada vez se hace más referencia al fin del mundo o al colapso de la civilización humana. El Doomsday Clock, el Reloj del Apocalipsis, se encuentra en 2023 a noventa segundos de las doce. Jamás sus agujas habían estado tan cerca de la medianoche. Los apocalipsis están a la orden del día. De hecho, se ofrecen ya como mercancía: el apocalipsis vende. Este ambiente de fin de los tiempos impera no solo en la vida real, sino también en la literatura y en el cine. Por ejemplo, en su novela *El silencio*, Don DeLillo presenta un apagón total. La temperatura y el nivel del mar también suben en la literatura. Entretanto, la ficción climática se ha consolidado ya como un nuevo género literario. *Un amigo de la tierra*, de T. C. Boyle, habla del cambio climático en unas proporciones apocalípticas.

Hoy miramos con temor un futuro sombrío. En todas partes falta esperanza. Encadenamos una crisis tras otra, un problema tras otro, una catástrofe tras otra. De ese modo, la vida se reduce a resolver problemas y gestionar crisis, esto es, a sobrevivir. La vida se sacrifica en el altar del miedo. La sociedad de la supervivencia, con su aliento entrecortado, se asemeja a un enfermo cuyo único y débil deseo es que termine pronto su dolor. Solo a través de la esperanza recuperaremos una vida que sea algo más que mera supervivencia. Solo la esperanza amplía el horizonte de lo que tiene sentido, lo que vuelve a avivar la vida, a darle alas, a inspirarla. Solo la esperanza nos brinda futuro.

El clima de miedo que hoy está tan extendido ahoga cualquier germen de esperanza. Con el miedo, además, se extiende un ambiente depresivo. El miedo y el resentimiento empujan a las personas hacia el populismo de derechas. Atizan el egoísmo y el odio. Erosionan la solidaridad, la amistad y la empatía. El miedo y el resentimiento contribuyen a que la sociedad en su conjunto se embrutezca. No sé si ocurre lo mismo en Portugal, pero la sociedad alemana, en cualquier caso, se ha embrutecido por completo. Los discursos del odio son también producto del miedo, que, en último término, pone en peligro la democracia. El expresidente de Estados Unidos, Barack Obama, observó con razón en su discurso de despedida: «La democracia se

(17:07:22)

(17:07:27)

(17:07:30)

(17:08:08)

(17:09:16)

(18:01:45)

«SOLO A TRAVÉS DE LA ESPERANZA RECUPERAREMOS UNA VIDA QUE SEA ALGO MÁS QUE MERA SUPERVIVENCIA. SOLO LA ESPERANZA AMPLÍA EL HORIZONTE DE LO QUE TIENE SENTIDO, LO QUE VUELVE A AVIVAR LA VIDA, A DARLE ALAS, A INSPIRARLA. SOLO LA ESPERANZA NOS BRINDA FUTURO.»

puede quebrantar si cedemos al miedo». Por eso Donald Trump azuza el miedo y destruye la democracia. Esa es la base filosófica. El miedo y la democracia son incompatibles. La democracia solo puede prosperar en una atmósfera de reconciliación y diálogo. El miedo, en cambio, divide a la sociedad y fomenta los regímenes autoritarios. Y eso es lo que está ocurriendo en estos momentos en Estados Unidos, ¿verdad? Ya hemos visto cómo se destruye la democracia por efecto del miedo. Trump, el demonio, azuza el miedo.

El miedo es, como ya saben, un popular instrumento de dominación. Convierte a las personas en sujetos obedientes y chantajeables. En la sociedad del rendimiento todos tenemos miedo de no rendir lo suficiente. Hoy en día incluso tenemos miedo de pensar, de poseer una opinión propia; miedo de ser libres. Con el tiempo hemos perdido el valor de pensar. Se expande el conformismo, que también es producto del miedo. Lo siento mucho, pero la tan invocada «creatividad» impide también que surja algo radical. En última instancia, sirve para incrementar la productividad. Lo realmente distinto, lo radicalmente nuevo, escapa a la lógica de la productividad y de la creatividad. De hecho, cuestiona la lógica de la productividad. Donde reina el miedo no hay libertad. El miedo puede transformar a toda la sociedad en una cárcel, en un confinamiento. Coloca señales de advertencia y nos deja desorientados. La esperanza, en cambio, dispone señales y placas que nos indican el camino. Nos brinda sentido y orientación.

Hoy en día no solo tenemos miedo de los virus y las guerras: también nos atenaza lo que se conoce como «ecoansiedad». Los activistas climáticos, como ellos mismos reconocen, sienten «miedo ante el futuro». Sin duda alguna, la ecoansiedad está justificada. No puede decirse que carezca de fundamento. Sin embargo, la expansión del clima de miedo resulta preocupante. Lo problemático no es el miedo a la pandemia, sino la pandemia del miedo. Las acciones impulsadas por el miedo no son actos con posibilidades de futuro. Los actos requieren un horizonte de sentido. Tienen que ser explicables. La esperanza es elocuente. Explica. En cambio, el miedo es incapaz de hablar, es incapaz de explicar.

La palabra alemana *Angst* ('miedo') significaba en origen 'angostura'. De hecho, al estrechar y obstruir la vista, ahoga cualquier amplitud, cualquier perspectiva. Quien tiene miedo se siente acorralado. El miedo va acompañado de la sensación de estar atrapado, encerrado. Cuando sentimos miedo, el mundo nos parece una prisión. Todas las puertas que deberían estar abiertas se encuentran cerradas. El miedo cierra el paso al futuro, impidiéndonos acceder a lo posible.

Desde el punto de vista lingüístico (adoro la etimología), la esperanza es también lo contrario al miedo. En el *Etymologisches Wörterbuch der deutschen Sprache* de Friedrich Kluge, un diccionario etimológico... Debo decir que me encanta leer diccionarios. Leo o bien diccionarios, o bien la Biblia. Diccionarios etimológicos. En fin, en ese diccionario de Friedrich Kluge se dice acerca de la palabra *hoffen* ('esperar'): «Al inclinarse hacia delante, se intenta ver más allá, ver con más exactitud». Por su parte, *Hoffnung* ('esperanza') significa 'ver a lo lejos', 'ver en el futuro'. Este etimólogo ha dado la mejor definición de la esperanza, porque abre la mirada hacia lo venidero, hacia lo posible.

Me encanta la lengua alemana. De hecho, no suelo dejar que mis conferencias se traduzcan a otros idiomas. En alemán existe un verbo, *verhoffen*, que es una palabra maravillosa. *Verhoffen*. Usted la conoce, ¿verdad? El verbo *verhoffen* aún conserva algo de su idea primigenia, expresada en la raíz *hoffen*, que significa 'esperar'. Esta palabra, *verhoffen*, se utiliza en el lenguaje de los cazadores como sinónimo de «quedarse quieto, al acecho, a la escucha; tomar el viento [en el sentido cinegético de la expresión]». Y eso es la esperanza, ¿no? El idioma alemán posee una afinidad natural con la filosofía. Sin embargo, en las universidades alemanas, en las facultades de Filosofía de las universidades alemanas, se obliga a los estudiantes a hablar y escribir en inglés. Y resulta que estos estudiantes alemanes olvidan conscientemente que el alemán, como dijo Adorno, posee una afinidad natural con la filosofía. Yo me esforcé muchísimo por aprender esta lengua. Sin el alemán no habría podido pensar. Por eso Alemania ha aportado tantos pensadores al mundo.

La esperanza más profunda despierta algo que en alemán se expresa con una fórmula intraducible a otros idiomas: «Der Rehbock verhofft», el corzo se detiene y se queda a la escucha, el corzo toma el viento. Pido disculpas a mis intérpretes. No pueden traducir esto. «Der Rehbock verhofft». Quien espera toma el viento, en el sentido de que intenta encontrar una dirección. Tenemos que aprender este arte; también debe hacerlo el rector de esta universidad. Si lo consigue, quedará redimido y se convertirá en el presidente de Portugal. Pero para eso tiene que aprender este arte, ¿de acuerdo? ¡Le deseo mucha suerte!

La desesperación y la esperanza mantienen entre sí una relación similar a la del valle y la montaña. La negatividad de la desesperación está inscrita en la esperanza. Quien espera actúa con audacia y no se deja amedrentar por lo escarpado y lo arduo de la pendiente. La esperanza, sin embargo, tiene en sí algo de contemplativo. Se postra y escucha. Su receptibilidad la vuelve delicada, le proporciona belleza y gracia. Si la esperanza, como suele decirse, es «ciega» no es porque viva de ilusiones, sino porque se mueve hacia lo venidero, hacia un tesoro que en realidad aún no conoce. Este «aún no» es el modo temporal de la esperanza.

El miedo omnipresente en nuestros días no remite a catástrofes permanentes. Lo que nos atormenta hoy son, sobre todo, miedos difusos, estructuralmente condicionados, que no se encuentran ligados a acontecimientos concretos. El régimen neoliberal es un régimen del miedo. Aísla a los seres humanos, convirtiendo a cada uno de ellos en empresario de sí mismo. La competencia total y la creciente presión del rendimiento erosionan y quiebran a la comunidad. El aislamiento genera miedo. También nuestro propio comportamiento se encuentra marcado cada vez en mayor medida por los miedos: el miedo a fracasar, el miedo a no estar a la altura de las propias expectativas, el miedo a no ser capaz de seguir el ritmo o el miedo a quedarse descolgado. Y precisamente este miedo omnipresente incrementa la productividad. Ya solo me queda una página. Pronto comerán.

Por tanto, ser libre significa en realidad quedar libre de las presiones. Sin embargo, en el régimen neoliberal la libertad genera sus propias presiones, que no proceden de fuera, sino de dentro. La presión del rendimiento y de la optimización son presiones de la libertad. La libertad y la presión confluyen. Nos sometemos voluntariamente a la presión de ser creativos...; de ser eficientes, auténticos. La autocreación, la autorrealización creativa, adquiere al mismo tiempo un carácter coercitivo. Yo creo que los estudiantes de la asignatura Creatividad están todos deprimidos, ¿no? Nos optimizamos, nos explotamos hasta la muerte con la ilusión de que nos estamos realizando, de que somos creativos. Estas presiones internas avivan el miedo y, en último término, nos deprimen. Cuando era profesor en la Universidad de las Artes, varios estudiantes —es desgarrador— se suicidaron ahorcándose en el taller. Es muy triste. Muchos de ellos estaban deprimidos. Muchos. Precisamente en un espacio artístico, donde todos deberían ser sanados. Pero se encontraban deprimidos.

También la comunicación digital recrudece el aislamiento de las personas. Paradójicamente, las redes sociales desintegran lo social. En el mejor de los casos, estamos conectados unos con otros, pero no unidos. No hay ningún contacto con el otro. Vivimos en una sociedad sin contacto. Esa conexión que en nuestros días crece cada vez más no es un contacto, no es una cercanía. La relación con el otro se atrofia de manera radical: el otro deja de ser un tú para convertirse en un ello, en un objeto de consumo que solo está ahí para satisfacer mis necesidades. El otro en el que me veo reflejado pierde su otredad. El creciente narcisismo, que conduce a una pérdida de vínculo y de contacto, acrecienta el miedo.

El miedo aísla a las personas. Es imposible tener miedo juntos. El miedo no genera comunidad, no genera un nosotros.* En el miedo, cada cual está solo consigo mismo. En cambio, la esperanza entraña una dimensión del nosotros.

* Gabriel Marcel, *Geheimnis des Seins*, Viena, Herold, 1952, pág. 481 (trad. cast.: *El misterio del ser*, Barcelona, Edhasa, 1971).

Esperar significa también «expandir la esperanza», recoger la antorcha, «alimentar la llama alrededor», como decía Gabriel Marcel. La esperanza es el fermento de la revolución, el fermento de lo nuevo: *incipit vita nova*. No existe una revolución del miedo. El miedo nos hace a todos obedientes. Quien tiene miedo se somete a la dominación. Solo a partir de la esperanza en otro mundo, en un mundo mejor, surge un potencial revolucionario. Si hoy no es posible revolución alguna es porque no podemos esperar, porque vivimos en el miedo, porque la vida se ha reducido a la supervivencia.

En mi obra *Der Geist der Hoffnung*, que se publicará, como ya he dicho, el próximo año, contrapongo la fenomenología del miedo de Heidegger a la fenomenología de la esperanza. En *Ser y tiempo*, de Heidegger, el miedo es un concepto fundamental. Para este autor, el miedo, en última instancia, no es sino miedo a la muerte. Al orientarse hacia la muerte, el ser humano se vuelve ciego frente a lo que aún no es, lo que no ha nacido, lo que aún no ha llegado. El pensamiento inspirado por la esperanza no se orienta hacia la muerte, sino hacia el nacimiento, es decir, no se orienta hacia el ser-en-el-mundo de Heidegger, que concluye con la muerte, sino hacia el llegar-al-mundo. He encontrado, pues, una formulación para la esperanza y, en contraposición a Heidegger, esa formulación sería la de llegar-al-mundo. La esperanza aguarda más allá de la muerte. Determina no ya el «correr hacia la muerte», conocida expresión de Heidegger, sino la espera de un renacer. Llegar-al-mundo es la fórmula básica de la esperanza.

La depresión constituye la expresión patológica de la desesperanza total. El futuro agotado es la temporalidad de la depresión. El tiempo deprimido, agotado, se opone diametralmente al *Hoch-Zeit,* o tiempo sublime, al tiempo de la fiesta. Al tiempo depresivo le falta el futuro que aviva, que da alas, que inspira, es decir, el *avenir*. La depresión se experimenta como si se tratara de una cárcel en la que no hay escapatoria posible. La esperanza es el salto, el impulso que nos libera de la depresión, del futuro agotado.

La esperanza se despierta ante la pérdida total, ante el extravío total. Esta negatividad diferencia a la esperanza del optimismo. La esperanza solo es posible rota, como la profunda felicidad. ¿Cómo traducir esto al inglés? Es imposible. El «a pesar de» es inherente a la esperanza, que resiste *a pesar del* desastre absoluto. La estrella de la esperanza linda con la mala estrella (en latín hablaríamos de *des-astrum*), esto es, el desastre. Si eliminamos la negatividad del desastre y del «a pesar de», solo queda la banalidad del optimismo. La negatividad de la esperanza se condensa en Ingeborg Bachmann —adoro a Ingeborg Bachmann— hasta llegar a un «a pesar de» absoluto.

Ingeborg Bachmann eleva la esperanza a condición necesaria para que la vida sea posible. La esperanza representa la *conditio humana* por antonomasia. La esperanza es lo que guía nuestras acciones y nos brinda sentido y sostén. El ser humano vive en cuanto espera. En este punto, Bachmann siempre acentúa el carácter paradójico y aporético de la esperanza. En una entrevista declaró lo siguiente: «"Bohemia junto al mar" es el poema con el que me quedaría siempre. Se dirige a todos los seres humanos porque esa es la tierra de su esperanza, esa tierra que no alcanzan, y, a pesar de todo, tienen que esperar, porque si no les sería imposible vivir. [...] Es una utopía, es decir, una tierra que no existe, porque, naturalmente, Bohemia no está junto al mar, como bien sabemos. Pero está junto al mar. [...] Esto significa que tiene algo de contradictorio. [...] Y quien no espera, quien no vive, quien no ama, quien no espera esta tierra, para mí no es un ser humano». La tensión entre lo imposible y este «a pesar de todo» como acto de fe abre el futuro, mantiene en pie el idioma, hace posible la vida. Mi libro *Der Geist der Hoffnung* comienza con un verso de Paul Celan. Me gustaría cerrar mi conferencia con ese verso: «Una estrella / tiene todavía luz. / Nada, / nada está perdido».*

Muchas gracias por su atención.

* Extraemos la versión en castellano de la traducción de José Luis Reina Palazón de *Obras completas*, de Paul Celan, Madrid, Trotta, 2016, pág. 149. *(N. de la t.)*